Ein Geschäftsblog – Ihre Chance

Disclaimer

Ich habe mich bemüht, in diesem Buch richtige Informationen zur Verfügung zu stellen. Ich übernehme jedoch keine Haftung für Aktualität, Richtigkeit und Vollständigkeit dieser Informationen. Dies gilt auch für alle Verbindungen (Links), auf die dieses Buch direkt oder indirekt hinweist. Ich behalte mir das Recht vor, Änderungen an oder Ergänzungen zu den bereit gestellten Informationen vorzunehmen.

Ein Geschäftsblog – Ihre Chance

Eine leicht verständliche Anleitung für Anfänger, erfolgreich und
strategisch einen Geschäftsblog zu nutzen, ihre Firma bekannt
zu machen und zum Erfolg zu führen.

Geschrieben für:
Kleinunternehmer,
Autoren,
Coaches,
Künstler und
Therapeuten

Doreen Frances Richmond
München, Januar 2012

Dankeschön

Ohne Unterstützung und Führung ist es sehr schwer, Neues zu verwirklichen. Deshalb möchte ich meinen Freunden herzlich danken: Lothar für die enorme Unterstützung, dieses Buch in der deutschen Sprache zu verfassen, für die inhaltlichen Korrekturen und Beiträge; Christa für ihren scharfen Blick für grammatikalische Fehler; Ulrike für ihre stilistischen Verbesserungsvorschläge und Phoebe und James für deren Inspiration.

Meinem amerikanischen Coach, Connie Ragen Green, sage ich vielmals Danke, nicht nur für ihre geduldige Einführung ins Internet-Marketing, mit dem Blog als Basis, sondern auch für ihr vorbildliches Engagement, das stets für mich so motivierend ist. Auch bei Helen Raptoplous und den liebevollen Mitgliedern ihrer „Productivity Group" bedanke ich mich für ihre antreibende Aufmunterung. Herzlichen Dank an Nicolette Tallmadge, die mich durch das Labyrinth des Wordpress-Blogs als geduldige Lehrerin geführt hat.

Inhaltsverzeichnis

Vorwort

Von Facebook, Twitter und Blogs hat sicher jeder Leser dieses Vorworts schon einige Male gehört oder gelesen. Einige haben ein Facebook- oder ein Twitter-Konto, einige schreiben Blogs. Wie man diese neuen Medien als Kleinunternehmer, Künstler, Autor, Berater oder Therapeut anwendet, um sich als Autorität auf seinem Gebiet zu profilieren, sich einem größeren Kreis potenzieller Kunden vorzustellen, sich weithin bekannt zu machen und dies bei geringen Kosten, ist noch wenig bekannt. Viele, die einen Geschäftsblog schreiben, wissen wenig darüber, wie sie den Blog für ihr Marketing anwenden können. Meist fehlt ein klar definiertes strategisches Konzept, das für den geschäftlichen Erfolg unentbehrlich ist. Oft mangelt es schlicht und einfach an Entschlossenheit und Selbstbewusstsein.

Was enthält dieses Buch?

In diesem Buch gehe ich auf die Punkte ein, die Ihren Geschäftsblog und damit Ihr Unternehmen zum Erfolg führen, insbesondere die erforderlichen Ziele, Strategien, Pläne und geistigen Einstellungen. Es braucht ergänzend ein gut geplantes Vorgehen, um mit Twitter und Facebook treue Leser für Ihren Geschäftsblog zu gewinnen, sodass Ihr Unternehmen über eine besonders wichtige, effektive und kostengünstige Form der Werbung verfügt. Diese Form ermöglicht selbst kleinsten Betrieben groß aufzutreten, um ihr Können ins rechte Licht zu stellen.

Dieses Buch befasst sich nur am Rande mit den technischen Gesichtspunkten, die für die Veröffentlichung eines Blogs im Internet erforderlich sind. Auf Bücher, Videos und Anleitungen, die über die technischen Voraussetzungen informieren, werde ich am Schluss des Buches hinweisen. Dort finden Sie auch Informationsquellen, die alles Nötige über Twitter und Facebook enthalten. Wenn Sie sich überhaupt nicht um die Technik kümmern wollen, kann ein Webmaster für Sie einen Blog ins Internet stellen und für Sie Konten bei Facebook und Twitter in kurzer Zeit einrichten. So können Sie sofort anfangen, für sich und Ihre Sache zu werben.

Das Technische bei einem Blog ist sehr leicht zu bewältigen. Übrigens mit ein Grund dafür, warum Blogs so beliebt sind. Wenn der Blog aufgesetzt ist, können Sie innerhalb weniger Stunden die nötigen technischen Griffe lernen, den Blog fortzuführen und in ihn Fotos, kleine Videos und Audios einbetten. Den Webmaster brauchen Sie nicht mehr dafür. Wichtig ist, für Ihren Blog eine klare Strategie zu entwickeln und der zu folgen, sonst könnten Sie sich zu schnell in der Vielfalt der technischen Möglichkeiten verirren: Die Technik ist nur Hilfsmittel. Wichtig ist, was Sie mit ihr erreichen wollen. Außerdem könnten Sie sich von der Informationsflut des Internet überwältigt fühlen. Überhaupt ist es im Internet wichtig, nur so viel an Information zuzulassen, wie es für Ihre Strategie notwendig ist. Durch das Erlernen zu vieler neuer, aber eigentlich nicht benötigter Internet-Techniken wird das eigentliche Ziel später als möglich oder gar zu spät erreicht.

Dieses Buch „Ein Geschäftsblog – Ihre Chance" konzentriert sich auf das Wenige, das Sie zunächst brauchen, um für Ihre Sache eine effiziente und effektive Werbung zu betreiben und sich schnellstens einen gewissen Bekanntheitsgrad im Internet zu sichern. Später, wenn Sie diese Basis gut beherrschen, können Sie sich in die vielfältigen technischen Möglichkeiten vertiefen, Ihren Geschäftsblog attraktiver und funktionstüchtiger zu gestalten.

Für wen habe ich dieses Buch geschrieben?

Das Buch habe ich hauptsächlich für Frauen geschrieben und vor allem für diejenigen, die in künstlerischen und therapeutischen Bereichen beschäftigt sind. Viele Frauen tun sich schwer, zu sich zu stehen und sich ins rechte Licht zu stellen. Im Berufsleben, insbesondere als Selbständige, neigen sie dazu, sich zu verstecken. Außerdem haben sie oft Schwierigkeiten, zu fokussieren und klare Ziele zu setzen, da sie in ihrer Familie oft und schnell auf unerwartete Ereignisse reagieren müssen. Mit der Zeit neigen sie dann dazu, ihre persönlichen Wünsche zu vernachlässigen und sich in der Zerstreuung zu verlaufen. Ein Geschäftsblog, der Erfolg haben soll, erfordert jedoch eine ganz klare Fokussierung, sonst kommt er in der Vielfalt des Internets nicht zur Geltung. Viele künstlerisch oder therapeutisch tätige Frauen und viele ältere Frauen scheuen sich vor der Technik. Deshalb habe ich in einem eigenen Kapital über meine Erfahrungen mit der Einführung und dem erfolgreichen Einsatz meiner Geschäftsblogs geschrieben. Damit will ich andere Frauen ermutigen, trotz aller Hindernisse einen Geschäftsblog zu schreiben, um das, was sie tun, ins rechte Licht zu stellen, ihre Kreativität auf der großen Internet-Bühne zu demonstrieren und den Erfolg ihrer Arbeit, die sie lieben und die für andere ebenfalls so wichtig ist, zu ernten.

Doreen Frances Richmond

Kapitel 1
Einleitung

In den letzten Jahren machten sich Unternehmen zunehmend Blogs zu eigen, zunächst für den Gedankenaustausch innerhalb des Unternehmens, dann für die Kontakte mit Kunden, Lieferanten und sonstigen Interessierten, z. B. mit den Aktionären. Das geschah zunächst durch die Blogs einzelner Mitarbeiter (personalisierte Blogs) und geschieht heute überwiegend durch Blogs des Unternehmens (Unternehmensblogs). Da ich dieses Buch für die Verantwortlichen kleiner und mittlerer Unternehmen (KMU) schreibe, ziehe ich es vor, bei diesem Anwenderkreis statt des Begriffs Unternehmensblog den Begriff Geschäftsblog zu benutzen.

Für einen Autor, Coach oder Therapeuten, für ein Dienstleistungsunternehmen oder ein sonstiges kleines Unternehmen ist ein Geschäftsblog ein wirkungsvolles Mittel, im Internet groß für sich zu werben, mit geringen Kosten, ohne von einem Webmaster abhängig zu sein. Mit einem Blog kann man sein Wissen zeigen, und damit das Vertrauen und Interesse potenzieller Kunden gewinnen und das Interesse der schon vorhandenen Kunden wach halten. Eine statische Webseite oder eine Visitenkarte haben bei weitem nicht die werbekräftige Wirkung eines Blogs. Mit einem Blog können Sie täglich neue Informationen über sich, Ihre Firma und Ihre Produkte publizieren. Dies führt dazu, dass Sie bei einer Suche Interessierter im Internet meist ganz vorne auf der ersten Seite des Suchergebnisses platziert werden. Nicht unwichtig, wenn Ihr Eintrag andernfalls erst auf der hundertsten Seite erscheinen würde. Eine statische Webseite verschwindet leicht im tiefen Dschungel des Internets. Meine Webseite steht bei einer Google-Suche selten an vorderster Stelle; ein neuer Beitrag auf meinem Blog wird dagegen innerhalb von zwei Stunden auf der ersten Seite der Google-Suche erscheinen, wenn der Interessent die passenden Suchbegriffe eingibt. Es ist äußerst wichtig zu wissen, wofür sich potenzielle Kunden interessieren, welche Suchbegriffe sie benutzen. Darauf gehe ich im Buch näher ein.

Sie haben jede Menge Platz in Ihrem Blog, über die diversen Bereiche Ihrer Arbeit zu schreiben und sonstige Informationen bereitzustellen. Eigentlich brauchen Sie keine Website mehr: Die neuesten Versionen der Blog-Technik bieten all die Möglichkeiten, die man ansonsten auf einer Website hat. Sie können mit einem Blog sogar einen einfachen Internet-Shop, einen Laden im Internet, führen. Ein Vorteil eines Blogs gegenüber einer Website liegt darin, dass Sie weder HTML (Sprache zur Erstellung von Websites) noch eine andere Programmier-Sprache beherrschen müssen. Sie brauchen auch keine technische Begabung.

Blogs gehören zu den mächtigsten Marketing-Instrumenten im Internet. Wer es versteht, einen guten Geschäftsblog für sein Unternehmen zu führen, wird von vielen Internet-Nutzern als führende Autorität auf seinem Gebiet gesehen. Ein Geschäftsblog ist für Online-Unternehmer keine Option mehr sondern eine Notwendigkeit. Unabhängig von Ihrer Branche, einen der ersten Plätze, den Ihre Kunden und potenziellen Kunden aufsuchen werden, ist Ihre Website. Wenn dann alles, was Sie anbieten, nur eine Webseite mit Kontaktinformationen ist, werden die Interessenten ziemlich enttäuscht sein. Die Kunden von heute wollen Interaktion, stets aktualisierte Inhalte und die Möglichkeit, Informationen abrufen und mitteilen zu können.

Das Technische bei einem Blog ist leicht zu bewältigen. Übrigens mit ein Grund dafür, warum Blogs so beliebt sind. Wenn der Blog aufgesetzt ist, können Sie innerhalb weniger Stunden die dann noch nötigen technischen Griffe lernen, um fortlaufend zu publizieren und dabei mit Fotos, Tönen oder Videos das Geschriebene zu ergänzen. Den Webmaster brauchen Sie dafür nicht mehr.

In diesem Buch schildere ich das Wesentliche, das Sie brauchen, um für Ihre Sache eine effiziente und effektive Werbung zu betreiben und sich schnellstens einen gewissen Bekanntheitsgrad im Internet zu sichern. Später, wenn Sie diese Basis gut beherrschen, können Sie mit den vielfältigen technischen Möglichkeiten Ihren Geschäftsblog noch attraktiver und funktionstüchtiger gestalten.

Ich hoffe, dass dieses Buches Ihnen helfen wird, eine stolze, kreative, eifrige und erfolgreiche Bloggerin zu werden, viele liebevolle Menschen einzubeziehen, die wie Sie im Internet aktiv und für ihre gute Sache unterwegs sind.

(Anmerkung: Ich schreibe dieses Buch primär für weibliche Leser, benutze aber für Frauen und Männer gleichermaßen gültigen Ausführungen - wie üblich - die für beide Geschlechter angewandte maskuline Form der Begriffe, um schwerfällige Formen wie „Blogger/Bloggerin" zu vermeiden. Blogger wird der Autor eines Blogs genannt.)

Kapitel 2
Was sind und was nützen Geschäftsblogs?

Wenn Sie in den letzten drei bis fünf Jahren das Geschehen im Internet verfolgt haben, wissen Sie, dass es einen bunten Strauß von Blogs gibt. Die Blogs befassen sich mit allen möglichen Themen, vom Rosen-Züchten bis hin zum Schulden-Abbau. Teils werden sie von sehr bekannten Persönlichkeiten geschrieben, teils von begeisterten, engagierten Menschen, die Wertvolles über ihr Hobby schreiben.

Ihr Blog kann Ihr wichtigstes Marketinginstrument sein, als kennzeichnende Marke für Ihr Geschäft wirken, Ihre geschäftlichen Aktivitäten unterstützen und fördern. Gerade kleine Ein-Mann- bzw. Eine-Frau-Betriebe haben die bis jetzt nie dagewesene Möglichkeit, einen kleinen Betrieb, eine Dienstleistung, ein Buch oder ein Produkt bekannt zu machen, ohne Tausende von Euros für Werbung hinblättern zu müssen, sogar fast kostenlos. Der Blog kann gezielt Besucher anziehen, die sich für Ihren Wirkungsbereich interessieren, sich über Ihre Produkte und Dienstleistungen informieren wollen und vieles mehr.

Es kommt hinzu, dass Blogs leicht und schnell aufzustellen und fortzuschreiben sind. Sie brauchen nicht für jede Veränderung, sei sie klein oder groß, einen Webmaster zu Rate zu ziehen. Wenn Sie absolut keine Ahnung von Computertechnik haben, können Sie einen Blog innerhalb weniger Stunden meistern, so wie ich es bei meinen ersten Schritten konnte (Kapitel 4). Mit einer modernen Browser-Plattform können Sie den Blog innerhalb einiger Minuten aktivieren. Die Blog-Software ist schnell und einfach zu erlernen, einfach an Ihr Firmenlogo und Ihre

Marke anzupassen. Und in der Tat ist ein Blog der einfachste Weg zu einer dynamischen Online-Präsenz für Ihr Unternehmen.

Blogs bieten eine ausgesprochen günstige Möglichkeit, Ihr Geschäft im Internet darzustellen. Sie können Ihren Blog in Ihre Website integrieren, wenn Sie dies wünschen. Sie können jedoch auch völlig unabhängig von Ihrer Website einen Blog erstellen, einen Link zu Ihrer Website integrieren und auch umgekehrt. Sie können Ihren Blog sogar bei einem anderen Browser (Server) als bei Ihrem Standard-Server anmelden. Viele Kleinunternehmen haben nur einen Blog und verzichten ganz auf eine Website. So brauchen Sie den Webmaster nicht mehr, und können Veränderungen schnell selbst durchführen. In jedem Fall kostet das Erstellen eines Blogs deutlich weniger als das einer Website. Der Nutzen ist dagegen viel größer.

Ein Blog hilft Ihnen, Ihre Zielgruppe, Ihre Kunden, potenzielle Geschäftspartner zu erreichen und umgekehrt den einfachen Zugang zu Nachrichten und Informationen über Ihr Unternehmen, Ihre Produkte und Dienstleistungen zu ermöglichen. Sie können über interne Veränderungen, Produktinformationen, Neuheiten, Online-Angebote, Insider-Infos und vieles mehr aktuell informieren. Sobald Sie mehr Erfahrung mit Ihrem Blog haben, können Sie Videos und Audios in Ihren Blog einbetten, um Ihr Unternehmen und Ihre unternehmerische Vision widerzuspiegeln. Mittels eines Blogs können Sie im Web Seminare (Webinare), Webinterviews oder Webkonferenzen durchführen. Ein Blog leistet viel mehr als in der Vergangenheit ein Newsletter. Und das, was mit einem Newsletter möglich war, weitaus effizienter.

Einer der größten Vorteile von Blogs ist, dass Google und andere Suchmaschinen Blogs besonders mögen. Da die Inhalte häufig aktualisiert werden, für aktuelle Informationen sorgen, führt dies zu hohen Seiten-Einstufungen. (search-engine-rankings). Google wird Ihre Blog-Beiträge sehr schnell verzeichnen und meistens gut platzieren, was bei einer herkömmlichen statischen Website nicht unbedingt der Fall ist. Das heißt, dass Sie Anzeigen und Verkaufsinformationen sofort publizieren, was Sie mit einem anderen Online-Format, und erst recht mit Offline-Möglichkeiten, so schnell und gut nicht können. Die regelmäßige Aktualisierung Ihres Blogs wird dazu führen, dass Ihre Besucher wieder häufiger vorbeischauen und länger bleiben. Sie gewinnen mit der Zeit den Status einer Autoritätsperson auf Ihrem Gebiet, die Person, an die man sich wendet, wenn man bezüglich Fachfragen aus Ihrem Geschäftsbereich informiert werden möchte.

Ihr Blog hilft Ihnen, den Kontakt zu Ihren Kunden zu entwickeln oder eine persönliche Beziehung zu Kunden und Interessenten aufzubauen und eine aktive Kommunikation zu ermöglichen. Blogs geben die Möglichkeit, Kommentare oder Anregungen und Ideen zu hinterlassen oder Fragen zu stellen. Dies ist besonders hilfreich, wenn Sie die Wünsche Ihrer Kunden besser verstehen wollen. Sie andererseits können schnell eine Stellungnahme abgeben oder einfach ein Danke für die Mitteilung ausdrücken. So pflegen Sie den Kontakt zu Ihren Lesern und zeigen Ihr Interesse an deren Meinung.

Waren Blogs zunächst die Äußerungen einzelner Personen, machen sich in den letzten Jahren zunehmend Unternehmen die Blogs zu eigen, zunächst für den Gedankenaustausch innerhalb des Unternehmens und dann für die Kontakte von außerhalb. Nahezu alle großen und sehr großen Unternehmen führen Blogs. Wohingegen nur wenige der kleinen und mittleren Unternehmen mit Blogs auf dem Markt sind. Da ich dieses Buch für die Verantwortlichen solcher – insbesondere auch kleinster-Unternehmen schreibe, für die andere Kriterien gelten als für große, benutze ich statt des Begriffs Unternehmensblog den Begriff Geschäftsblog.

Zusammenfassung – Kapitel 2
Vorteile und Nutzen eines Blogs:

- Kann für eine kleine Firma das wichtigste Marketinginstrument sein.
- Blogs sind leicht und schnell zu erstellen und zu pflegen.
- Sie können kostengünstig erstellt werden.
- Mit einem Blog sprechen Sie gezielt Ihren Kundenkreis an.
- Mit einem Blog bauen Sie Kontakte zu potenziellen Kunden auf.
- Sie stellen mit Ihrem Blog Ihre Firma optimal dar und passen den Bloginhalt leicht an aktuelle Entwicklungen an, ohne einen Webmaster in Anspruch nehmen zu müssen.
- In Ihrem Blog können Sie Bilder, Videos und Audios einbetten, um Ihr Unternehmen und Ihre unternehmerische Vision medienmächtig darzustellen.
- Ein Blog kann in Ihre Website integriert oder unabhängig von ihr aufgestellt werden.
- Suchmaschinen schätzen Blogs, weil sie ständig neue Informationen liefern. Mit einem Blog haben Sie größere Aussichten als mit einer Website, weit vorne im Suchergebnis geführt zu werden.

Geschäftsblogs tragen bei zum geschäftlichen Erfolg, helfen, das Angebot dem Bedarf der Kunden anzupassen, binden Kunden an das Unternehmen und helfen, neue Kunden zu gewinnen.

Kapitel 3
Wem und wie nützen Geschäftsblogs?

Etliche Teilnehmerinnen meiner Seminare und viele Freunde und Bekannte wissen von meinen diversen Blog-Aktivitäten. Mehrere davon baten mich um Rat. Ich merke dann immer, wenn ich die nötigen Ratschläge geben will, dass das Thema „Geschäftsblog" zu weitläufig ist, um die nötigen Informationen in einem zwangsläufig zeitlich befristeten Gespräch ausreichend zu vermitteln. Und selbst wenn ich das könnte, würde es meinem Gesprächspartner nicht gelingen, alles zu behalten. Natürlich kann ich Interessierten durch meine Erfahrung Irrwege ersparen. Deshalb entschloss ich mich, den Weg schriftlich darzulegen.

Was ganz wichtig ist, und das kann Ihnen ein Webmaster nicht beibringen, ist Ihre Strategie. Ein Webmaster stellt für Sie innerhalb kurzer Zeit Ihren Blog mit Ihrem Logo auf. Sie selbst werden dann noch einige der wichtigsten Griffe lernen müssen. Dann sind Sie bereit zu publizieren. Aber wenn Sie ohne Geschäftsstrategie und ohne klare Ziele vorgehen, riskieren Sie, wie ich über ein Jahr, vor Ablenkungen zu stehen, viel Zeit zu verlieren, oder, was noch viel trauriger wäre, Ihr Interesse an einem eigenen Blog zu verlieren und aufzugeben.

Ich möchte Ihnen an Hand einiger Beispiele aus meinen Kreisen, von Berufen oder Aktivitäten, aufzeigen, wie gut in jedem dieser Fälle ein Blog das Marketing unterstützen würde. Die vielen Möglichkeiten, einen Blog aktiv in ein kleines Unternehmen einzubinden, werden durch die Beispiele sicher erkennbar. So werden Sie verstehen, wie vielseitig ein Blog als Marketing-Instrument angewendet werden kann.

Ich bekam vor kurzem von einer Bekannten die Bitte, ihr beim Erstellen eines Blogs zu helfen. Sie arbeitet als Therapeutin und hat gerade ein wunderschönes Buch über die tiefere Bedeutung von Märchen geschrieben. Ihre Fragen zum Schreiben eines Blogs ließen mich erkennen, welche Überwindung es sie kostet, diesen Weg zu gehen. Ihre Absichten darüber, was sie mit dem Blog anfangen sollte und wie der Blog ihr zu geschäftlichem Erfolg verhelfen würde, waren ihr völlig unklar. Jeder erzählte ihr, wie nützlich ein Blog für sie sein könnte. Aber was sie damit anfangen wollte, war ihr nicht klar. Immer wieder habe ich ihr am Telefon Fragen gestellt, um sie dazu zu bewegen, sich über ihre Pläne mehr Klarheit zu verschaffen. Wir kamen im Gespräch leider damit nicht weiter und mir wurde bewusst, dass nicht nur ich ein ähnliches Problem mit den Zielen und Plänen hatte, sondern dass es vielen schwer fällt, mit einigen Sätzen das auszudrücken, was sie als Unternehmerin machen, wie sie ihren Kunden nützen und welche Geschäftsziele sie erreichen wollen. Mit einigem Abstand wurde mir auch sonnenklar, wie sie den Blog optimal für ihren Zweck benutzen könnte, und welche Vorteile ein Blog für ihr Buch hätte.

Wenn sie jetzt anfängt, einen Blog zu schreiben, mit der Absicht, ihr neues Buch über die Psychologie der Märchen zu vermarkten und Kunden für ihre Märchenseminare zu gewinnen, wird sie, bis das Buch erscheint, sehr viele Interessenten gewonnen haben. Ihre Aufgabe wird es sein, im Blog Informationen zu liefern, die einen Bezug zu ihrem Buch haben, sodass sie durch die Texte und passende Schlüsselwörter – deren Rolle und Bedeutung wird in Kapitel 6 erklärt – Personen anzieht, die sich für ihr Thema interessieren. Später kann sie über ihren Blog das Buch zum Kauf anbieten.

Wenn sie diese Möglichkeiten als klares Ziel formuliert, könnte das so lauten: Ich eröffne einen Blog, mit dem ich über die tiefere psychologische und spirituelle Bedeutung der Märchen informiere, um Menschen damit zu helfen, in ihrem Leben Einsicht zu gewinnen, begrenzende Lebensmuster zu erkennen und aufzulösen. Mit dem Blog werde ich für mein Buch werben und für meine Seminare Interessenten gewinnen. Bei allen Aktivitäten, die ich mit meinem Blog durchführe, werde ich diese Ziele vor Augen haben.

Das zweite Beispiel wähle ich aus einem ganz anderen Bereich. Der Vater einer Bekannten hat Modelleisenbahnen zum Hobby. Er ist sehr engagiert, fährt zu diversen Veranstaltungen der Modelleisenbahnfreunde. Er war früher als Texter in der Werbung tätig, schreibt sehr gut, und ist dazu leidenschaftlicher Fotograf und Videoproduzent. Für ihn wäre ein Blog eine tolle Bereicherung. Er könnte mit anderen am Modellbau Begeisterten Kontakte pflegen, Fotos und Videos der Modellbau-Veranstaltungen verteilen. In jedem Blog gibt es einen Kommentarbereich. Über den können die Interessierten sich austauschen. Sollte er mit seinem Blog Geld verdienen und aus seinem Hobby ein Geschäft machen wollen, könnte er gute, informative E-Bücher über besonders interessante und aktuelle Themen seines Hobbys schreiben, was seinen gestalterischen Gaben entgegen käme und ihm sicher sehr viel Spaß machen würde. Die E-Bücher könnte er von seinem Blog aus verkaufen.

Seine Ziele für den Blog könnten so lauten: Ich möchte einen Blog führen, um mein Hobby Modelleisenbahnen mit anderen zu teilen und Informationen darüber auszutauschen. Zugleich möchte ich meine Begeisterung für Fotografie und Videoherstellung in meinen Blog nützlich einbringen. Später möchte ich E-Bücher über dieses Thema schreiben und informative Videos herstellen und auf meinem Blog dafür werben.

Aus dem Handel habe ich folgendes Beispiel: Ich kenne eine Geschäftsfrau, die ein gutgehendes Geschäft für Bio-Tierfutter betreibt, das sie über das Internet ausbauen möchte. Das Interesse im Internet für Informationen über eine gesunde Ernährung für Tiere ist sehr groß. Ein Blog würde ihr die Möglichkeit geben, bei ihren Kunden nicht nur als geschäftstüchtige und begeisterte Unternehmerin bekannt zu werden sondern auch als Person, die sich besonders dafür engagiert, dass die Tiere gesund sind. Sie besitzt ein tiefes Wissen über gesunde Ernährung für Tiere.

Sie könnte in ihrem Blog interessante Informationen liefern, Tierliebhabern Tipps geben, wie sie ihre Tiere gesund halten können. Außerdem könnte sie informative E-Bücher schreiben oder, wenn ihr die Zeit hierfür fehlt, schreiben lassen und über ihren Blog zum Verkauf anbieten. Tierliebhaber suchen alle möglichen Informationen über Tiere: Wie sie ihren neuen Hund trainieren, ihm dies und das abgewöhnen oder angewöhnen können.

Mit dem Blog könnte sie sich zur angesehenen Autorität für ihr Spezialgebiet entwickeln und weithin bekannt machen. Dies führt dazu, dass potenzielle Kunden das Vertrauen gewinnen, ihre Bio-Produkte bei ihr zu kaufen. Sie könnte einen Link vom Blog zum Shop für Bio-Tierfutter anlegen. Ihre Ziele für ihren Blog wären: Ich eröffne einen Blog für mein Spezial-Gebiet „Bio-Futtermittel". Ich will meinen Lesern wertvolle Informationen geben, um ihnen zu helfen, ihre Tiere optimal zu versorgen. Über den Blog möchte ich als Autorität für „gesunde Ernährung für Tiere" bekannt werden und dadurch die Umsätze meiner Firma wesentlich steigern.

Für Menschen, die vielleicht später einmal ein Geschäft eröffnen wollen, ist ein Blog gut geeignet, langsam im Markt bekannt zu werden, zu erproben, ob ihre Absicht wirklich stimmig ist. Ich habe in meinen Seminaren über „Farbe in der Architektur und Innenarchitektur" junge Frauen kennengelernt, die gerne ein Geschäft eröffnen würden, die jedoch vorher heiraten und Kinder haben wollen. Ein Blog ist eine exzellente Möglichkeit, sich dieser Aufgabe zu nähern und sich mit der Geschäftsidee gedanklich auseinander zu setzen. Wenn ihr geschäftliches Vorhaben in die Inneneinrichtungsbranche fallen soll, könnten sie einen Blog über dieses Thema eröffnen und darüber schreiben. Dies würde es ihnen ermöglichen, sich vorerst mit der Thematik auseinander zu setzen, Messen zu besuchen, Bücher und Zeitschriften zu lesen. So bekommen sie mit der Zeit einen sehr guten Überblick über diesen Geschäftsbereich, vor allem auch dadurch, dass sie regelmäßig in ihrem Blog über die geschäftliche Thematik schreiben.

Möglich wäre auch, ein kleines Versandgeschäft aufzubauen und sei es z. B. nur für Kissen. Dies würde ihnen Erfahrung geben mit dem Einkauf, der Lagerbestandsführung, dem Verkauf und Versand. So würden sie in drei bis fünf Jahren viel Erfahrung und genügend Einblick bekommen, so dass sie, wenn die Kinder alt genug sind und sie die Kinder für einen halben Tag abgeben können, mit viel Sicherheit und Erfahrung ein Geschäft eröffnen, offline oder online. Außerdem kann die stärkere Auseinandersetzung mit dem Thema ihnen zeigen, ob das, was ihnen vorschwebt, wirklich das ist, was sie wollen, oder ob sie sich auf einem falschen Weg befinden und ihre wahre Berufung ganz woanders liegt.

In diesem Fall könnten die Ziele für den Blog so lauten: Ich eröffne einen Blog z. B. über „Inneneinrichtung für Kinderzimmer". Ich will Erfahrungen über dieses Thema sammeln und die an meine Leser weitergeben. Ich werde den Blog nutzen, um zu testen, ob es für mich Sinn macht, ein zu diesem Thema passendes Geschäft zu eröffnen.

Mein letztes Beispiel ist ein kleiner Hotelbetrieb. Ein Blog ist für ein kleines Hotel, das sich profilieren will, äußerst nützlich. Ein Hotel, das in einer schönen Gegend liegt, hat sehr viel, über das sich schreiben lässt. Die Umgebung ist zu beschreiben, interessante Sehenswürdigkeiten sind zu erwähnen, schöne Wanderwege oder interessante Skipisten, kleine Badeseen und die besonderen Natureigenschaften in der Umgebung. Wird das Hotel biologischen Grundsätzen folgend betrieben, gibt es viel Stoff, über den der Leser sich sicher gerne informieren möchte. Man kann das Thema Hotel und biologische Nachhaltigkeit in der Einrichtung und beim Bau einsetzen, um dem Hotel eine besondere Prägung zu geben. Das Hotel würde sicher viele Freunde, Interessenten und Kunden gewinnen. Zwischendurch kann der Hotelier auf spezielle Angebote im Hotel hinweisen.

So würden die Ziele des Hoteliers für seinen Blog lauten: Mit unserem Blog wollen wir bei einer Suche potenzieller Kunden im Internet nach unserem Themenbereich die erste Seite erreichen. Unser Ziel ist, durch die neuen Marketing-Aktivitäten mit dem Blog eine Liste von Abonnenten aufzubauen, die sich für unsere Blog-Updates anmelden. Dadurch wollen wir im Jahresvergleich 20 % mehr Kunden für unser Hotel gewinnen. Wenn wir eine Liste von Interessenten haben, können wir über sie zwischendurch immer wieder Spezial-Angebote für Übernachtungen in unserem Hotel zielgerichtet anbieten. Mit dem Blog wollen wir unser kleines, aber schönes Hotel bekannt machen, und uns als Besitzer und anerkannte Autoritäten im Bereich Hotelführung ins Bewusstsein unserer Leser bringen.

Ob Autor, Arzt, Psychologe, Coach, Hotel, Verein, Kleinunternehmer oder begeisterter Hobbyist, ein Blog ist auf jeden Fall ein kostengünstiges Marketinginstrument. Außerdem macht es wirklich Spaß zuzusehen, wie der Blog wächst und gedeiht. Ich möchte darauf hinweisen, dass es so eine Möglichkeit bis vor kurzem gar nicht gab. So können Ein-Mann- bzw. Eine-Frau-Betriebe genauso effektiv werben wie Großunternehmer.

Kapitel 4
Wie ich meine Geschäftsblogs lieben lernte

Ich entschied mich, dieses Buch zu schreiben, weil Teilnehmer in meinen Seminaren, Geschäftspartner und sonstige Bekannte mich oft wegen Geschäftsblogs um meinen Rat fragen und bitten, für sie einen Geschäfts-blog einzurichten. Sie haben meine diversen Blogs im Internet gesehen, meine Begeisterung darüber gespürt und meine Erfolge mitbekommen. Ihre Fragen ließen erkennen, dass sie nicht wirklich wissen, was ein Blog ist, und erst recht sich nicht im klaren darüber sind, wozu ein Geschäftsblog dienen kann. Einige Freunde sind schon bei Facebook und Twitter angemeldet. Aber viele bekannten, dass sie nicht wissen, was sie mit diesen Medien anfangen sollen. Der Gedankenaustausch mit Facebook- und Twitter-Freunden ist zwar nett, die Möglichkeiten für ihr Unternehmen bleiben jedoch ungenutzt. Und das liegt meist daran, dass die Möglichkeiten, das Geschäft mittels der neuen Kommunikationsformen, die das Internet bietet, effizienter zu machen, nicht bekannt sind.

Es ging mir früher auch nicht anders. Deshalb kann ich die Lage meiner Gesprächspartner gut verstehen. Vor ca. 3 Jahren stieß ich zufällig auf der Suche nach Marketing-Tipps und Geschäftsstrategien im englischsprachigen Internet auf den Begriff „business blog". Ich tat mich schwer, die sich bietenden Möglichkeiten richtig einzuordnen. Die wurden überwiegend von jungen, schnell sprechenden, technisch hoch versierten jungen Männern vermittelt, was die Würdigung der Möglichkeiten noch schwieriger machte. So bekam ich den Eindruck, dass ich als Baby-Boomer mit diesen Informationen nichts anfangen kann, bis ich eine Gruppe von Frauen kennen lernte, die wie ich mehr oder weniger zur Baby-Boomer-Generation, oder sagen wir zur Altersgruppe zwischen 40 und 60, gehören und nicht unbedingt technisch begabt sind.

Sie bieten im Internet Seminare an, in denen sie darlegen, welche Nutzen ein Blog für Klein-Unternehmer, Coaches, Autoren, Dienstleister aller Art haben kann, wie ein Internet-Unternehmen über einen Blog aufgebaut wird, wie sich Hobbys zu einem Unternehmen entwickeln lassen. Ich nahm an einem vierwöchigen Seminar teil. Die vortragenden und die teilnehmenden Frauen waren aktiv und engagiert. Das hat mich sehr motiviert. Schon bevor das vierwöchige Seminar zur Ende war, hatte ich meinen Blog und war Mitglied von Facebook und Twitter. Die Ausbilderinnen sprachen natürlich auch über Strategien, Zielsetzung, Zielgruppen und wie man durch die gezielte Anwendung von Schlüsselworten für ihren Geschäftsbereich die richtigen Kunden anziehen könne. Ich muss aber zugeben, dass ich dermaßen mit der geistigen Auseinandersetzung beschäftigt und so psychologischem Druck ausgesetzt war, mich zum ersten Mal in meinem Leben dort draußen in der riesigen Welt des Internets öffentlich zu zeigen, zu schreiben und meine persönlichen Gedanken öffentlich preiszugeben, dass ich während des Seminars vollauf damit beschäftigt war, den Blog zu erstellen, Twitter- und Facebook-Konten zu eröffnen und etwas verschüchtert meine ersten Blog-Beiträge zu publizieren. Was dazu führte, dass ich über den Blog zwar meine Kenntnisse und Fähigkeiten als Farbberaterin für Architektur und Innenarchitektur demonstrierte, damit aber keinerlei geschäftlichen Ziele verband.

In der Tat, ich hatte meine Bequemlichkeitszone verlassen, fühlte mich etwas fremd und manchmal verloren. Ich hatte kein klares Ziel, an dem ich mich hätte orientieren können. Ich habe einige Zeit gebraucht, die richtige geistige Haltung zu entwickeln und zu stärken. Ich werde nie vergessen, wie ich ganz am Anfang eine Twitter-Notiz publizierte, die sehr viel Beifall und Interesse auf sich zog. An einem Nachmittag gewann ich 80 neue Twitter-Freunde. Eine Folge dieser Twitter-Notiz war, dass sich sehr kraftvolle, interessante Persönlichkeiten für meine Twitter-Informationen anmeldeten. Anstatt mich zu freuen, fühlte ich mich überfordert. Das war mir zu viel Aufmerksamkeit auf einmal und ich schrieb zwei Wochen lang keine Twitter-Notizen mehr. Als ich wieder mit dem Schreiben von Notizen anfing, handelte ich reserviert und schrieb distanziert. Inzwischen ist es mir verständlich, warum Künstler manchmal Nervenzusammenbrüche bekommen, wenn sie über Nacht unerwartet plötzlich Erfolg haben. Ich hatte einen Mini-Twitter-Erfolg, und die Resonanz darauf war mir entschieden zu groß. Jetzt verstehe ich auch sehr gut, dass es beim Aufbau eines neuen Unternehmens bei jeder neuen umfassenden Entwicklungsphase sehr wichtig ist, in das Neue hineinzuwachsen, zu der Person zu werden, die in der Lage ist, das Unternehmen der Geschäftsidee und dem neuen Zustand gemäß zu führen. Wer ein neues Unternehmen aufbaut, wird ständig Bequemlichkeitszonen verlassen müssen. Ich hätte damals sofort mit meinem Blog und meiner Facebook- und Twitter-Präsenz einen guten Erfolg haben können, aber mir war nicht klar, was ich mit dieser neuen Internet-Präsenz für mein Unternehmen erreichen will. Außerdem war ich noch nicht weit genug, mich so vielen neuen Menschen zu stellen, mit den ganz anderen neuen Möglichkeiten, die durch den Zugang zu einem viel breiteren Publikum plötzlich gegeben waren, umzugehen. Die Folge: Ich habe den sich mir anbietenden erfolgversprechenden Entwicklungsprozess mangels einer klaren Geschäftsstrategie verlangsamt. Mit diesem Buch will ich meinen Freunden und den Lesern helfen, diese Fehler nicht zu begehen.

Es kam noch hinzu, dass ich durch die Begeisterung und ansteckende Motivation meiner Trainer getrieben, in das Ganze eingestiegen bin, ohne wirklich zu wissen, was ich eigentlich erreichen will. Ich lebe und arbeite in Deutschland als Farbberaterin für Architektur und Innenarchitektur und wollte mit meinen Internet-Aktivitäten mein Unternehmen entwickeln, meine Seminare zu den Themen „Farben in der Innenarchitektur" und „Farbpsychologie" über die neuen Medien anbieten. Jetzt hatte ich einen Blog, ein Facebook- und ein Twitter-Konto in meiner Muttersprache Englisch. Deswegen wohnte auch die Mehrzahl meiner neuen Kontaktpartner in den Vereinigten Staaten von Amerika und nicht mal in dem geografisch näher liegenden Großbritannien, meiner Heimat.

So schrieb ich weiterhin tüchtig Beiträge für meinen Blog. Ich schrieb zusätzlich viele Artikel für eine Internet-Zeitschrift, um die Besucherzahl auf meinem Blog zu steigern. Mein Kreis von Twitter-Freunden wuchs stetig, auch meine Facebook-Freunde wurden immer mehr. Gleich am Anfang bekam ich sogar eine Einladung nach Indien, um über Farbpsychologie in einer großen Konferenz zu referieren. Auf solche Einladungen war ich einfach innerlich nicht vorbereitet. Ich bedankte mich für die Einladung und sagte höflich ab. Nach drei Jahren Erfahrung habe ich vor solchen Einladungen keine Angst mehr. Ich schaue sie mir genau an und analysiere in aller Ruhe, ob es sich für mich finanziell lohnt, die Aufgabe anzunehmen. Ich weiß jetzt, dass alles, was sich außerhalb unseres Bequemlichkeitsbereiches abspielt, doch mit einer gewissen Angst und auch mit Bequemlichkeitsverlusten verbunden ist. Wenn es sich lohnt, die Mühe auf sich zu nehmen, bedeutet das immer eine Bereicherung, nicht nur finanziell sondern auch an Erfahrungen. Inzwischen ist es das, was ich am Blogging so sehr liebe; es ist so erstaunlich, wie viele kreative Menschen es gibt und welche kreativen Möglichkeiten auf einen zukommen, an die man in seinem alltäglichen Kreis gar nicht denkt.

Ich muss gestehen, dass das technische Aufstellen meines Blogs nicht ohne starke emotionale Widerstände vor sich ging, die es zu überwinden galt. Glücklicherweise hatte ich den Kontakt zu einem jungen Abiturienten, der meine Website aufstellte. Als ich ihn bat, mir zu helfen, einen Blog zu erstellen, konnte er nicht verstehen, warum ich so etwas brauche. Die wirkungsvollen Möglichkeiten eines Blogs für Kleinunternehmen waren ihm, wie den meisten im Internet durchaus aktiven Menschen, noch nicht bekannt. Also musste ich ihn überzeugen, dass ein Geschäftsblog für mein Unternehmen von großer Wichtigkeit ist und dass der bis zur darauf folgenden Woche für meine nächste Internet-Unterrichtsstunde bei meinen Trainerinnen fertig sein müsse. Ich glaube, meine Hartnäckigkeit hat ihn überzeugt. Er war bereit, meinen Blog ins Internet zu stellen und mir wöchentlich Unterricht zu geben, sodass ich in der Lage war, meinen Blog selbst zu verwalten. Ich muss dazu sagen, dass ich als unerfahrene Internet- und Computerbenutzerin sehr ängstlich und unsicher war. Hatte ich die falsche Taste erwischt, führte das zu manchmal kuriosen, aber immer völlig unerwünschten Ergebnissen. Es gab schon einige Situationen, die vielleicht zum Scheitern meines unternehmerischen Vorhabens im Internet geführt hätten, wenn ich nicht diese tolle Gruppe von Mentorinnen und die anderen Teilnehmerinnen, immerhin ca. 100 Frauen zwischen 40 und 60, als Unterstützung gehabt hätte, die ebenfalls mit der Angst und mit ihren Schwächen zu kämpfen hatten. Zwischendurch konnten wir aber alle über uns selbst lachen.

Inzwischen ist mein junger Abiturient recht beeindruckt von mir. Ich lernte schnell, wie ich Fehler korrigieren kann. Das führte mich aus der verkrampften Ängstlichkeit zu einer gewissen Experimentierfreude, was mich zu einem schnellen Erfolg brachte. Binnen weniger Wochen, mit drei Unterrichtsstunden von ihm, war ich eine lässige, selbstbewusste Bloggerin, die sogar Fotos und Videos in ihren Blog integrieren konnte.

Etwas Zynismus mir gegenüber blieb noch bei meinem jungen Computerlehrer. Als ich sagte, ich muss dies und jenes tun, das besser funktioniert, wenn ich 1000 Leser habe, schaute er mich etwas lakonisch an und meinte, ich könne froh sein, wenn es 10 Personen gäbe, die meinen Blog lesen würden. Mein Hinweis auf 1000 Leser war aber ernst gemeint. Letztendlich hatten meine Mentorinnen gesagt, dass, wer richtig und öfters neue Beträge auf seinem Blog publiziert, bei Google gut ankommt, da die Suchmaschine ständig neue Informationen sucht. Dadurch wird ein gekonnter Blog bald gut auf der ersten Ergebnis-Seite positioniert sein und dementsprechend viele Leser haben. Ich habe meinen Mentorinnen geglaubt. Sie wussten sehr zu motivieren, und ich schrieb fleißig Beiträge für meinen Blog.

Als wir, mein Computerlehrer und ich, vier Wochen später für meinen Blog auf Google-Analytics nachschauten, hatte ich 1200 Leser. Spätestens ab dann fing mein junger Abiturient an, mich respektvoll zu behandeln. Ich bin ihm für seine grundsätzlich nette Art und Geduld dankbar. Inzwischen gibt er auch seiner Großmutter Computerunterricht.

Ich bin meiner Erfahrung im Umgang mit dem Computer und mit neuen Techniken sehr dankbar. Ich wurde täglich aus meiner Bequemlichkeitszone gezogen, musste mich täglich völlig neuen Situationen stellen, habe so viele neue Menschen durch meine Trainings kennengelernt was dazu führte, dass ich Fähigkeiten entwickelt habe, die vor einigen Jahren für mich noch undenkbar waren. Ich habe jetzt meine eigene Radioshow in meiner Muttersprache, lerne Videos zu drehen, schreibe Bücher in kürzester Zeit und bin schlicht und einfach begeistert von den Möglichkeiten, die ich mit einem Blog erreichen kann. Ich schreibe inzwischen sehr flüssig und recht schnell.

Was mir im ersten Jahr meiner Blogging-Aktivitäten fehlte, war ein klares Ziel für mein Unternehmen. Irgendwie hatte ich dieses Ziel aus den Augen verloren und war völlig in der Aufgabe verwickelt zu lernen, wie man schreibt, wie man einen Blog entwickelt, wie man Twitter und Facebook nutzt, um weitere Interessenten zum eigenen Blog zu führen. Ich lernte, Artikel für Internetzeitschriften zu schreiben, die deren Leser auf meinen Geschäftsblog aufmerksam machten. Ich hatte in neun Monaten durch diese Artikel 17.000 Leser gewonnen und viele davon hatten immerhin genügend Interesse, meinen Blog kennenlernen zu wollen und natürlich mich als dessen Autorin. Inzwischen war eine ganz exquisite Internetzeitschrift für Architektur auf mich aufmerksam geworden und bat mich, für ihre Seiten über Farben in der Architektur und im Innenraum zu schreiben, was meinem Blog weitere Leser zuführte.

Aber zunehmend spürte ich immer deutlicher, dass diese Erfolge zwar schmeichelhaft sind, und was noch wichtiger ist, mir viel Sicherheit und Lässigkeit gegeben haben, aber letztendlich zu Lasten meiner eigentlichen geschäftlichen Ziele gingen. Es war, als ob ich den Karren vor den Gaul gespannt hätte. Durch diese vielen neuen Eroberungen, die mir viel Neues, Freude und Begeisterung brachten, hatte ich wenig Zeit in meine Offline-Werbung für meine Farbseminare in München gesteckt, sodass hier immer weniger lief.

Das Erlernen neuer Techniken hat mich mit so viel Begeisterung in seinen Bann gezogen, dass ich von meinem eigentlichem Ziel abgelenkt wurde. Irgendwann sagte der Geldbeutel, so geht es nicht weiter! In diesem Prozess, von immerhin fast zwei Jahren Dauer, wurde es mir immer klarer – vielleicht auch ein Grund, warum ich mich so leicht von meinen geschäftlichen Zielen ablenken ließ – dass ich direkter mit Menschen arbeiten wollte und weniger mit Objekten. Das brachte wieder Unordnung in meine geschäftlichen Ziele, weil die neu formuliert und neue Blogs erstellt werden mussten. Übrigens, das Schöne an einem Blog, besonders wenn man ihn intensiv pflegt, liegt darin, dass man ziemlich schnell Schwächen in seinem Unternehmen erkennen kann. Oder man wird, wie in meinem Fall, aufgefordert, das Ganze noch einmal zu überdenken, zu prüfen, ob man wirklich dahinter steht.

In meine Farbseminare kommen viele jüngere Frauen, die sich geschäftlich selbständig machen wollen oder dies mal vorhatten. Mir fiel auf, dass sie sich diesbezüglich nach den Seminaren bei mir meldeten, nicht wegen der Farben, der Thematik des Seminars, sondern wegen ihrer geschäftlichen Vorhaben. Ich habe alles durchgemacht, was sie noch vorhaben und sehe das große Bild natürlich sehr klar. So konnte ich viele Tipps und Informationen geben. Daraus ist mein neuer Weg entstanden, diese jungen Geschäftsleute zu unterstützen. So entschloss ich mich, meine Aktivitäten mehr auf Farbpsychologie und Farbsymbolik zu konzentrieren, was sehr gut erkennen lässt, wo Schwächen und Stärken liegen. Meine vielen Jahre geschäftlicher Erfahrung, manchmal mit großem Erfolg, bei einigen Vorhaben auch mit Misserfolg, und die großen Erfahrungen und das Wissen, das ich dadurch sammeln konnte, ermöglichen mir, bei anderen die Gefahren zu erkennen und zu helfen, den richtigen Kurs zu steuern. So konnte ich sehr viele Ideen und Inspiration weitergeben. Einen Geschäftsblog halte ich inzwischen für sehr wichtig für den Erfolg. Und so habe ich dieses Wissen, das mich so sehr begeistert, mit in meine Beratungsarbeit integriert.

Zurück zu meinem Blog-Abenteuer. Inzwischen habe ich für Farben in der Architektur und Innenarchitektur mit meinem Blog ein klares Ziel. Ich möchte weiterhin in München Seminare über Farben halten und benutze den Blog, diese Arbeit im Internet einem größeren Kreis vorzustellen. Zusätzlich will ich Motivationstraining für Frauen anbieten, die selbst ein Unternehmen haben oder eines gründen wollen, besonders Frauen im künstlerischen oder therapeutischen Bereich, und sie unterstützen, mit einem eigenen Blog ein klares Profil im Internet aufzubauen. Dieses Buch dient ebenfalls dazu, hierbei zu helfen.

Wenn Sie anfangen, einen Blog zu schreiben und mit ihm laufend zu publizieren, sollten Sie nicht anstreben, dabei perfekt zu sein. Da dürfen all die Informationen, die Sie bekommen und die Ihnen helfen sollen, schneller vorwärts zu kommen, Sie nicht auf die falsche Fährte führen.

Sie werden durch einen Lernprozess gehen müssen. Wenn Sie Ihren Perfektionsdrang aufgeben, werden Sie mehr Spaß dabei haben.

Kapitel 5
Ziele, Pläne, Strategien

Vorbemerkungen

„Große Erfolge sind nur durch strategisches Vorgehen zu erzielen. Sie zu erreichen, braucht Zeit, wohlüberlegte Ziele, einen gut kalkulierten Vorgehensplan, mit anderen Worten eine Strategie und ein gekonntes Vorgehen bei der Umsetzung der Strategie. Auch bei weniger ehrgeizigen Zielen wird strategisches Management meist für einen nachhaltigen Erfolg sorgen, mehr Erfolg auf jeden Fall, als auf anderen Wegen zu erreichen wäre." (nach Lothar Ulschmid, IT-Strategien, Gabler Verlag 2003)

Der Erfolg eines Geschäftsblogs ist an seinem Beitrag zum Erfolg des mit dem Blog unterstützten Geschäfts zu messen. Der Erfolg eines Geschäfts ist letztendlich meist der finanzielle Ertrag. Um den Blog zum Erfolg zu führen, sind vernünftige Ziele zu setzen, ist zu planen, wie diese Ziele erreicht werden sollen. Man muss sich und Abläufe organisieren, die Entwicklung des Geplanten kontrollieren und nötigenfalls steuernd eingreifen (Controlling). Steuernd eingreifen heißt, wenn nötig Ziele und Pläne an das Erreichte und an Änderungen im Umfeld anzupassen.

Strategisches Vorgehen ist für den nachhaltigen Erfolg eines Geschäftsblogs äußerst wichtig. Ein Geschäftsblog hat per Definition geschäftliche Erfolge zum Ziel, ist kein Selbstzweck. Wie soll und wie kann der Geschäftsblog zum geschäftlichen Erfolg beitragen? Auf dem Weg zu den strategischen Zielen kann ein Geschäftsblog für nahezu alle Geschäftsarten eine wichtige Rolle spielen. Für die eine Geschäftsart eine größere und für eine andere eine kleinere. Aber in jedem Fall eine größere, als jemand, der mit der Bedeutung der neuen Medien für die Geschäftswelt noch nicht vertraut ist, sich vorstellen kann. Was kann mit dem Blog erreicht werden? Das hängt sehr davon ab, welcher Art das geplante oder bereits betriebene Geschäft ist. Ein Geschäftsblog kann der Werbung dienen, Produkte oder Dienstleistungen bekannt machen, den Kontakt zu den Kunden aufbauen und festigen, Kompetenz demonstrieren. All das für Vorhaben, eine Geschäftsidee in die Tat umzusetzen, aber auch für einen besseren Erfolg schon lange betriebener Geschäfte.

Strategische Ziele für den Geschäftsblog

Die strategischen Ziele für den Einsatz eines Geschäftsblogs sind zunächst einmal die mit der Geschäftsstrategie unmittelbaren verbundenen Ziele, zum Beispiel:

- für das Geschäft, seine Produkte und Dienstleistungen besonders erfolgreich und kostengünstig zu werben (Marktanteile),
- mit einer Werbekampagne für die Einführung neuer Produkte oder Dienstleistungen Aufmerksamkeit zu wecken, gegebenenfalls einen völlig neuen Markt zu eröffnen,
- mit Hilfe des Blogs die besondere Kompetenz im Geschäftsfeld nachzuweisen und so die Chancen im Markt zu verbessern,
- über die Inhalte (Themen) des Blogs ein eigenständiges Profil zu gewinnen,
- mit dem Blog den Kunden zusätzliche Informationen zu den Produkten und Dienstleistungen zu geben und es ihnen ermöglichen, Vorschläge zum Angebot zu machen,
- über den Blog ein Anbieter-Kunden-Netz aufzubauen, dessen Zusammenhalt dem Geschäft zu Gute kommt.

Neben diesen zum Geschäftserfolg unmittelbar beitragenden Zielen gibt es die blogspezifischen: Aufmerksamkeit zu wecken und gegebenenfalls einen völlig neuen Markt zu erschließen. Besonders wichtig wird es, viele treue Leser zu gewinnen.

Erstes Ziel: Viele treue Leser gewinnen.
Wie gewinne ich genügend viele treue Leser, die dann auch irgendwann Kunden werden? Zunächst einmal sollte der Blog informieren und helfen. Dann wirbt er für sich, ist aber auf Leser angewiesen, die mehr oder minder zufällig auf ihn stoßen. Durch zusätzliches gezieltes Werben, online wie auch offline, gelingt es im allgemeinen jedoch schnell, den Blog bekannter zu machen. Durch gute Platzierungen in den Ergebnislisten bei Suchanfragen, z. B. durch Anwendung der für Ihr Wissensgebiet wichtigen Suchbegriffe in den von Ihnen geschriebenen Texten, können Sie dazu beitragen, Ihre Bekanntheit zu steigern. Deshalb ist es wichtig, solange Ihr Blog noch eine geringe Leserzahl hat, zum Beispiel weil Sie mit dem Bloggen erst angefangen haben, wöchentlich mindestens dreimal Beiträge für Ihren Blog zu schreiben. Dann werden im Internet die Suchmaschinen Sie bald als aktiven Lieferanten von wissenswerten Informationen auf Ihrem Gebiet erkennen und Sie dann in ihren Ergebnislisten gut platzieren. Dadurch sind Sie im Internet bald gut sichtbar.

Bevor Sie Ihren Blog schreiben, sollten Sie unbedingt darüber nachdenken, warum Sie den Blog schreiben und was Sie mit ihm erreichen wollen. Sie wollen einen Geschäftsblog planen mit dem Sie geschäftliche Ziele verfolgen, und keinen Blog der persönlichen Art, mit dem Sie zum Beispiel Ihren Gedanken Ausdruck geben. Im Unterschied zu einem Unternehmensblog wird ein Geschäftsblog immer eine persönliche Note haben. Und das schätzen die Leser. Wenn Sie beginnen, einen Blog zu schreiben, kann es Ihnen passieren, dass Sie die Ziele verwechseln, dass der Blog zum Ziel wird und der Erfolg Ihres Geschäfts zum nachrangigen Ziel. Ich möchte hier betonen: Wenn Sie mit Ihrem Geschäftsblog Erfolg haben wollen, müssen Sie sich ganz klar darüber sein, was Sie erreichen wollen. Sie sollten sich für die gedankliche Durchdringung der Rangordnung der Ziele und für Ihren Vorgehensplan wirklich Zeit nehmen. An den Schluss dieses Kapitels habe ich einen Fragebogen gestellt, der Ihnen helfen soll, diese Klarheit zum Ausdruck zu bringen.

Meine persönliche Geschichte habe ich erzählt, um zu verdeutlichen, wie wichtig es ist, sich im Klaren darüber zu sein, was man mit einem Vorhaben erreichen will, in diesem Fall mit dem Schreiben eines Geschäftsblogs. Es mag für den einen oder anderen selbstverständlich sein, aber doch muss ich feststellen, dass in der Tat viele Menschen nur annäherungsweise wissen, was sie erreichen wollen. Und das gilt selbst für größere Unternehmen.

Geschäftsstrategien mit Visionen

Strategien haben Visionen zum Ausgangspunkt, in unserem Fall eine Geschäftsidee. Eine größere Vision für Ihr Unternehmen und damit auch für Ihren Geschäftsblog kann sehr inspirierend sein und Sie dazu bewegen, mehr Energie zu investieren und damit auch mehr Freude zu erleben. Wenn Sie eine Strategie für den Geschäftsblog entwickelt haben, können Sie viel gezielter planen und festlegen, welche Schritte gegangen werden müssen und in welcher Reihenfolge.

Meist sind es zusätzliche Ideen, die zum Erfolg führen. Wenn wir zum

Beispiel ein Unternehmen für Bio-Tierfutter betrachten, so könnte eine die Strategie befruchtende Idee sein, den Tieren dieser Welt mehr Achtsamkeit und Lebensraum zu geben, gefährdete Tiere vor dem Aussterben zu bewahren; im engeren Bereich dazu beizutragen, dass Haustiere gesünder leben. Dabei möchten wir den höheren Umsatz, den wir durch unser Internetmarketing erwirtschaften wollen, zum Teil dafür einsetzen, dies zu verwirklichen. Für diese Mission und Firmenstrategie sind ganz andere Pläne zu erarbeiten, Ziele zu erreichen, als wenn nur eine Umsatzsteigerung um 35 % das Ziel ist, und dafür Pläne entwickelt werden.

Zur Strategie gehört der Plan, wie die strategischen Ziele erreicht werden sollen. Auf dieser Linie können Sie strategiekonforme Beiträge für Ihren Geschäftsblog schreiben. Nicht nur darüber, wie wichtig eine gesunde Ernährung für das Tier ist, sondern auch, wie wichtig ein stärkeres Bewusstsein für die Tiere dieser Welt ist. Der Geschäftsblog bekommt so eine stärkere Qualität und zieht bestimmte Zielgruppen magnetisch an. Mit einer guten Geschäftsstrategie bleiben Sie fokussiert und werden nicht ständig in falsche Richtungen gezogen. Sie können klar erkennen, welche Aufgaben wichtig sind und welche nicht. Mit der Zeit identifiziert man sich stärker mit seiner Strategie und Lebensmission und entwickelt sich bald durch seinen Geschäftsblog zu einer anerkannten Autorität in seinem Gebiet. Wer sich nicht klar ist über seine Strategie, dessen Geschäftsblog wird es wahrscheinlich an Kraft mangeln, der kann nicht so gut überzeugen. Ohne strategische Planung wird sowieso die Motivation für ein Geschäft – wie auch die für das Marketing – geschwächt. Ein starker, gut durchdachter strategischer Plan mit einer Mission ermöglicht, taktisch und operativ richtig vorzugehen und die richtigen Schritte zu wählen.

Zielgerichtetheit

Ein Ziel unseres geschäftlichen Handelns sollte sein, genau zu wissen, was wir tun müssen, um das zu erreichen, was wir erreichen möchten, und dafür einen Schritt-für-Schritt-Plan – einen Vorgehensplan – zu erarbeiten.

Oft werden Ziele festgelegt, die nach kurzer Zeit in Vergessenheit geraten. Wir werden im Alltag durch die diversen, oft kleinen Aufgaben zu leicht vom wirklich Wichtigen abgelenkt. Wenn dies zu oft passiert, rücken unsere Ziele und die guten Vorsätze immer weiter weg. Deshalb ist es wichtig, sich grundsätzlich jeden Tag eine gewisse Zeit frei zu halten, um Aufgaben zu erledigen, die dazu dienen, unsere mittel- und langfristigen Ziele zu erreichen. Wichtig ist, dies zu einer guten Gewohnheit zu entwickeln, die uns das ganze Leben lang begleitet. Wir gehen alle durch Tiefen und Höhen. Die wirken wie unruhige Wellen in unserem Leben. Diejenigen werden Erfolg haben, die in der Lage sind, zielgerichtet zu arbeiten, egal was für unruhige Ereignisse ansonsten das tägliche Leben beschweren. Interessant ist, dass wenn wir uns ein klares Ziel setzen und wir entschlossen sind, dieses zu erreichen, plötzlich allerlei Ablenkungen auftreten, als wollten sie uns mit eindeutiger Absicht von unserem Ziel abbringen; manchmal sogar gravierende, wie Krankheiten, Jobverlust, Unfälle. Solche Anlässe sind stärkste Prüfungen unserer Zielgerichtetheit und Entschlossenheit. Natürlich ist es wichtig, sich um das zu kümmern, was im Moment notwendig und wichtig ist. Gerade in solchen Lebenssituationen wird die Kraft einer starken Strategie bzw. Lebensmission uns durchziehen und uns in der emotionalen Unruhe helfen, Klarheit zu bewahren und trotz aller Unruhen weiter am Ziel zu arbeiten, vielleicht mit reduziertem Zeitaufwand. Aber Zeit bleibt immer dafür reserviert, auch wenn wir entweder sehr spät schlafen gehen oder sehr früh aufstehen. Denn gerade diese Ziele stehen dafür, eine verbesserte Lebensqualität zu erreichen. Wer seine Lebenssituation verbessern will, kann nicht die gleichen Aktionen durchziehen, die er im Jahr zuvor durchgezogen hat. Es werden neue Aktivitäten nötig und neue Ziele, und dementsprechend wird ein aktiver Einsatz notwendig. Ablenkungen und Schwierigkeiten im Leben sollen als Test, als eine Prüfung gesehen werden und dann den Anstoß geben, trotzdem weiter unsere Ziele zu verfolgen. Außerdem sind es gerade die neuen Ziele im Leben, die das Leben so lebendig und interessant machen.

Deshalb ist es wichtig, genaue klare Ziele für einen Geschäftsblog festzulegen, die mit der größeren Strategie im Einklang sind. Ein Geschäftsblog ist ein sehr wirkungsvolles Mittel auf dem Weg zu den Zielen, denn wir sehen wöchentlich das Ergebnis von Aktion und Reaktion. Man muss zunächst mit Glauben und Vertrauen handeln, denn es wird eine Weile dauern, bis die gewünschten Resultate eintreffen. Das trifft natürlich in vielen Lebensbereichen zu. Sportler kennen dies nur zu gut. So sollten Sie sich einige Zeit nehmen, um sich die gewünschten Resultate vorzustellen und Ihre strategischen Ziele schriftlich zu fixieren.. NLP (Neurolinguistisches Training) kann sehr hilfreich sein, Ziele zu erreichen. Dabei stellt der Trainierende sich geistig vor, wie der Erfolg aussehen wird und wie dieser Erfolg sein Leben bereichern und verbessern wird. Noch besser ist, hierfür eine Kollage aufzustellen, die man täglich in der Nähe des Computers aufbewahrt. So wird man sich immer wieder im Erfolg sehen, und die Aufgaben werden leichter fallen, und es wird leichter sein, sie zu erfüllen. Diese Darstellung des erwünschten Zustands zieht einen hin zur Verwirklichung und wirkt wie ein Magnet.

Durchhaltevermögen

Wenn Sie einen Geschäftsblog führen, brauchen Sie neben einer guten Strategie und erfolgsversprechenden Zielen viel Durchhaltevermögen und eine regelmäßige Kontrolle der Sachstände.

Erfolg erfordert eine feste Entschlossenheit. Viele Menschen verwechseln starkes Interesse mit fester Entschlossenheit. Das ist aber ein wesentlicher Unterschied: Bei fester Entschlossenheit wird der Plan zum Erfolg geführt, Ziele werden erreicht, egal was für „dringende" Aktivitäten einen zwingen wollen, sich vom Ziel vorübergehend abzuwenden. Ein starkes Interesse bedeutet, dass etwas getan wird, wenn die Umstände es zulassen. Was selten der Fall sein wird.

Viele setzen sich zu Beginn eines Jahres Ziele, aber ohne die notwendige Entschlossenheit, allenfalls mit großem Interesse, das schnell nachlässt, sobald andere Interessen sich aufdrängen. Deshalb sollten Sie sich ganz entschlossen für Ihre Blog-Aktivitäten entscheiden, sich fest vornehmen, den Blog soweit zu entwickeln, dass der Erfolg sich zeigt, egal was sich dazwischen drängen will. Was so wunderbar ist, wenn wir uns mit Entschlossenheit für etwas entscheiden, ist, dass so viele neue Möglichkeiten plötzlich überall erscheinen, die uns helfen, unsere Ziele zu erreichen. Wir begeistern uns, gehen mit Energie unseren neuen Zielen entgegen. Es fühlt sich gut an, auch wenn zwischendurch Hindernisse den Weg versperren. Diese sehen wir mit genügend Kraft als Herausforderungen, für die wir neue Ideen entwickeln müssen. Und wenn fokussierte Energie vorhanden ist, können wir diese Hindernisse überwinden. Wenn wir wirklich entschlossen sind, gibt es keine Rückkehr, keinen zweiten Plan. Wir entscheiden uns ganz klar und bestimmt für ein Ziel.

Wir sind bereit, das zu tun, was die meisten bequemen Menschen nicht tun wollen. Wenn Entschlossenheit da ist, tun wir etwas, ob wir Lust dazu haben oder nicht. Wenn Sie mit Kraft und Begeisterung bei der Entwicklung eines Geschäftsblogs sind, wird er sich als ein interessanter und lebendiger Ort im Internet entwickeln, wo andere Menschen immer wieder gerne hingehen, weil er inspiriert und Energie gibt.

Kontrolle und Steuerung

Der Vorteil eines klaren Ziels ist, dass Sie den Erfolg Ihres Einsatzes verfolgen und prüfen können, ob Sie mit der jeweiligen Taktik zielführende Ergebnisse erzielen. Ich gehe weiter in dem Gedankenspiel mit dem Futterunternehmen. Die ersten drei Monate könnten dazu dienen, den Blog auf die erste Seite von Google zu bringen. Als nächstes Ziel könnten Sie Umsätze festlegen, die Sie in den darauf folgenden drei Monaten erreichen wollen oder aber das Ziel, die Anmelderzahl für die Blog-Abonnenten zu erhöhen. Mit solchen Zielen können Sie dann klar kontrollieren, welche Erfolge Ihr Geschäftsblog erzielt, und ob Sie die Ziele, die Sie sich damit gesetzt haben, auch erreichen. Wenn nicht, können Verbesserungen vorgenommen werden. Wenn man genau weiß, wo man hin will, fallen Kontrolle und steuernde Eingriffe leicht.

Zusammenfassung - Kapitel 5
Geschäftsstrategie

Strategien haben Visionen zum Ausgangspunkt, in unserem Fall eine Geschäftsidee. Eine größere Vision für Ihr Unternehmen und damit auch für Ihren Geschäftsblog kann sehr inspirierend sein und Sie dazu bewegen, mehr Energie zu investieren und damit auch mehr Freude zu erleben. Wenn Sie eine Strategie für den Geschäftsblog entwickelt haben, können Sie viel gezielter planen, festlegen, welche Schritte gegangen werden müssen und in welcher Reihenfolge.

Ziele sind wichtig

Ein Ziel unseres geschäftlichen Handelns muss sein, genau zu wissen, was wir tun müssen, um das zu erreichen, was wir erreichen möchten, und dafür einen Schritt-für-Schritt-Plan, einen Vorgehensplan, zu erarbeiten.

Durchhaltevermögen

Erfolg erfordert eine feste Entschlossenheit. Viele setzen sich zu Beginn eines Jahres Ziele, aber ohne die notwendige Entschlossenheit, allenfalls mit großen Ideen, die schnell nachlassen, sobald andere Interessen sich aufdrängen. Deshalb sollten Sie sich ganz entschlossen für Ihre Blog-Aktivitäten entscheiden, sich fest vornehmen, den Blog soweit zu entwickeln, dass der Erfolg sich zeigt, egal was sich dazwischen drängen will.

Kontrolle und Steuerung

Der Vorteil eines klaren Ziels ist, dass Sie den Erfolg Ihres Einsatzes verfolgen können und prüfen können, ob Sie mit der jeweiligen Taktik zielführende Ergebnisse erzielen.

Aktionsplan - Kapitel 5
Ziele, Pläne, Strategien

- Welche Rolle spielt Ihr Geschäftsblog im Rahmen Ihrer Geschäftsstrategie?

  ....
  ....
  ....
  ....
  ....
  ....
  ....
  ....
  ....

- Welches sind Ihre Ziele für Ihren Geschäftsblog für die nächsten
  12 Monate?

  ....
  ....
  ....
  ....
  ....
  ....
  ....
  ....

- Wie können Sie sich motivieren, fest entschlossen zu sein, Ihren Geschäftsblog zum Erfolg zu führen? Welches sind Ihre Motivationen? (Es ist auch unterstützend, Vorbilder zu haben.)

....

....

....

....

....

....

- Kontrolle und Steuerung: Wie können Sie feststellen, ob sich Ihr Blog Ihren Vorstellungen entsprechend entwickelt?

....

....

....

....

....

....

Kapitel 6

Ihren Blog ins Internet stellen

Wenn Sie sich entschieden haben, einen Blog zu schreiben und Ihren Blog ins Internet zu stellen, brauchen Sie:

1. Eine Adresse (Domain-Name), über die der Blog im Internet gefunden und bereitgestellt wird.

2. Einen Ort (Web-Server), wo der Blog für die Zugriffe aus dem Netz gespeichert wird.

3. Einen Werkzeugkasten (Blog-Plattform) mit Werkzeugen, den Blog zu erstellen, zu pflegen, zu verwalten und ihn in Gänze oder mit Teilen den Interessenten im Netz anzubieten.

Wenn Ihr Domain-Name festgelegt und registriert ist, wird Ihr nächster Schritt sein, eine Plattform für Ihren Blog zu wählen. Wenn Sie bereits über ein Online-Portal bzw. eine Website verfügen, könnten Sie Ihre Website um diesen Blog erweitern. Sie können den Blog aber auch unabhängig von einer eigenen Website ins Internet stellen. Und das ist zu empfehlen. Für das Bereitstellen eines Blogs gibt es, technisch gesehen, zwei Wege, nämlich

- über einen kommerziellen oder von einem sonstigen Anbieter betriebenen Server oder
- über einen eigenen Server.

Einen eigenen Server werden nur wenige der kleinen Unternehmen betreiben. Von einem Anbieter wird Ihnen der Werkzeugkasten (Blog-Plattform) zur Verfügung gestellt.

Von einigen dieser Anbieter zusätzlich der Speicherplatz, Datenbanken und Weiteres (gehostete Blogs). Diese Art, Blogs zu schreiben, wird Ihnen angeboten, ohne dass Sie dafür etwas zahlen müssen. Sie müssen sich über die Software keine Gedanken machen, und Sie können den Blog sehr schnell aufsetzen. Bei anderen Anbietern, wie z. B. Wordpress.org, müssen Sie sich um die Bereitstellung der Web-Server-Dienste selbst kümmern.

Ihre Blog-Plattform auswählen

Blogger.com

Es gibt sehr viele Möglichkeiten, einen Blog ins Internet zu stellen, ohne dass Sie dafür etwas zahlen müssen. Das bekannteste Angebot ist Blogger, ein Service, den Google anbietet. Blogger ist sehr einfach zu bedienen. Bei www.blogger.com können Sie sich anmelden, das Anmeldeformular ausfüllen, das Design aussuchen und anfangen. Dieser Prozess dauert 10 bis 30 Minuten. Unter „Videos für die Erstellung eines Blogs bei Blogger.com" werden von Google mehrere einführende Videos angeboten.

Obwohl der Werkzeugkasten Blogger recht anziehend ist, weil wirklich sehr leicht zu bedienen, besonders für technisch Unbegabte, ist er jedoch für einen Geschäftsblog nicht unbedingt zu empfehlen. Es werden nur wenige Designs angeboten. Das macht es schwierig, das Layout Ihres Blogs Ihrem Firmenimage anzupassen. Ein weiterer großer Nachteil ergibt sich durch einen Button, der sich auf jedem Blog befindet, mit dem Text „Nächster Blog". Wenn der Leser diesen Button drückt, wird er zu einem anderen Blog geführt. Sie haben keinen Einfluss auf die Wirkung dieses Schritts, und Ihre Besucher werden eventuell völlig von der Information Ihres Blogs abgelenkt und kommen nicht so schnell wieder.

Wordpress.com

Wordpress.com und Wordpress.org sind die Blog-Plattformen, die ich empfehle und die zu den beliebtesten gehören, besonders für Geschäftsleute. Sie sind über www.wordpress.com bzw. www.wordpress.org zu erreichen. Wie Blogger.com wird auch Wordpress.com gehostet. Auch Wordpress.com kann kostenlos genutzt werden und ist für Geschäftsblogs wesentlich besser geeignet als Blogger.

Die Installation von Wordpress.com ist ebenfalls sehr einfach. Melden Sie sich über www.de.wordpress.com an. Dann wird Ihnen die deutsche Version von Wordpress.com angeboten. Wenn Sie kostenlose Unterstützung bei der Aufstellung brauchen, können Sie über Google „Videos für die Aufstellung von Wordpress .com" suchen und Sie erhalten Hinweise für hilfreiche Angebote. Und wenn Sie bei Wordpress.com angemeldet sind, finden Sie auf der Website ein Video mit einer kurzen Einführung.

Sie haben die Möglichkeit, aus einem großen Angebot verschiedener Designs ein für Sie geeignetes auszuwählen. Der Nachteil von Wordpress.com gegenüber Wordpress.org liegt darin, dass Sie nicht grenzenlos Werbung einbauen können, wie z. B. die über Google-Ads. Hingegen müssen Sie Werbung, die von Wordpress.com bestimmt wird, auf Ihrem Blog zulassen. Das ist für einen Geschäftsblog nicht unbedingt gut, denn letztendlich werben Sie mit dem Geschäftsblog für die eigene Firma und möchten Ihre Kunden nicht selbst auf andere Gedanken bringen. Die

Richtlinien von Wordpress.com ändern sich oft. Deshalb ist es wichtig, die immer wieder gut durchzulesen.

Ihrer Web-Adresse wird i.a. der Zusatz wordpress.com zugefügt. Die lautet dann z. B. www.biotierernährung.wordpress.com. Allerdings können Sie seit einiger Zeit, gegen eine kleine Gebühr eine „.com-Adresse" ohne das „wordpress" kaufen. Sie können die Internetadresse www.biotierernährung.com registrieren lassen. Das ist sehr sinnvoll, denn diese Adresse wirkt professioneller und dynamischer.

Wordpress.org

Der Werkzeugkasten Wordpress.org ist zwar auch kostenfrei, Sie müssen jedoch den Blog und Zubehör bei einem Server selbst unterbringen und für die Dienstleistung des Servers eine moderate Monatsgebühr zahlen.

Wordpress.org hat für einen Geschäftsblog Im Vergleich zu Wordpress.com sehr viele Vorteile: Der Blog gehört Ihnen voll und ganz. Sie können so viel Werbung in den Blog packen, wie Sie wollen. Bei dem Design des Blogs haben Sie große Gestaltungsfreiheit. Sie können den Blog ohne Einschränkungen Ihrem Firmen-Image anpassen. Eigentlich brauchen Sie zusätzlich keine eigene Website. Viele Plugins, Zusatzprogramme, werden Ihnen angeboten, die Sie je nach Bedarf installieren können, um Ihren Blog wirkungsvoller zu gestalten. Sie können ohne Probleme Ihre eigenen Videos und Audios integrieren.

Wordpress.org wird in der Tat von engagierten Geschäftsleuten vorgezogen. Es lohnt sich, die technischen Hindernisse mit Hilfe eines Web-Masters zu überwinden. Oder sich einen Tag dafür Zeit zu nehmen.

Später ist die Pflege Ihres Blogs genau so leicht wie die bei den anderen Werkzeugkästen.

Anders als bei den beiden anderen erwähnten Blog-Plattformen müssen Sie bei der Anwendung von Wordpress.org den Blog und Software selbst bei einem Web-Server hosten. Das heißt, Sie müssen sich bei Wordpress.org anmelden, die Blog-Software auf Ihren Computer laden und dann mittels eines FTP-Programms auf den Web-Server laden. Das ist zwar recht einfach, aber wenn Sie keine technische Erfahrung haben, kann dies eine ziemlich große Herausforderung sein. Deshalb ist es in diesem Fall ratsam, diese Aufgabe einem Web-Master zu übertragen. Einige Firmen bieten an, die Wordpress.org-Installation für Sie durchzuführen. Im Rahmen einiger Hosting-Pakete bietet z. B. die STRATO AG die automatische Installation eines Wordpress-Blogs an. Die Eigeninstallation ist ebenfalls möglich. Die STRATO AG ist bekannt für ihre freundliche Kundenbetreuung. Sie werden beraten und erfahren, welches Leistungspaket für Ihren Blog angebracht ist. Informationen finden Sie unter "http://www.strato.de/hosting/basic-hosting/".

Einen Web-Server für Ihren Blog wählen

Unter Webhosting ist zu verstehen, dass Ihr Blog auf dem Web-Server eines Internetdienstanbieters untergebracht wird. Der Provider (Webhoster bzw. Internetdienstanbieter) stellt Ihnen u. a. Speicherkapazität auf dem Server zur Verfügung. Natürlich müssen Sie für diese Dienstleistung zahlen, aber für einen Blog sind die Kosten relativ niedrig. Sie variieren etwas je nach Anbieter. Für das Webhosting gibt es im Internet mehrere große Web-Server. Einer der bekanntesten ist der von der Firma STRATO. Sie melden sich einfach bei einem dieser Web-Server an,

z. B. über Strato.com. Wenn Sie unsicher sind, rufen Sie bei der Firma, STRATO, an und erklären, dass Sie einen Wordpress.org-Blog aufstellen wollen, und bitten, Ihnen das richtige Paket vorzuschlagen. Haben Sie sich angemeldet, können Sie Ihren Blog aufstellen.

Beim Webhosting wird Ihr Blog mit allem, was zusätzlich dazu gehört, auf dem Web-Server gespeichert. Nun kann man von der ganzen Welt aus auf die dort gespeicherten Inhalte zugreifen und sich anschauen, was alles angeboten wird.

Sie brauchen für Ihren Blog eine Adresse (einen Domain-Namen) im Internet.
Was ist ein Domain-Name? Der Domain-Name Ihres Blogs im Internet ist so etwas wie Ihre Telefonnummer im Telefonnetz. Wenn Sie sich für eine Adresse wie zum Beispiel meinblog.de entschieden haben, müssen Sie prüfen, ob diese Adresse noch nicht vergeben ist. Wenn die Adresse noch frei ist, lassen Sie sie für sich reservieren und registrieren.

Zeigen Sie bereits durch die Wahl Ihres Domain-Namens, welches Angebot Sie haben und mit welchem Thema sich Ihr Blog befasst. So kann eine Suchmaschine zu Ihrem Nutzen registrieren, dass Ihr Blog suchrelevant ist. Die Suchbegriffe, die im Internet bei einer Suche nach Firmen, Produkten oder Dienstleistungen eingetippt werden, bieten gute Hinweis bei der Wahl einer erfolgversprechenden Adresse (Domain-Namen).

Ich greife das Beispiel der Anbieterin für Bio-Tierfutter auf. Wenn jemand im Internet gesunde Ernährung für seinen Hund sucht, wird er wahrscheinlich „Bio-Tierfutter", „Bio-Hundefutter" oder ähnliche Begriffe bei seiner Suche eintippen. Oft haben Unternehmen Fantasie-Namen, z. B. „Hundeli". Wenn jemand gesunde Bio-Ernährung für seinen Hund oder für seine Tiere sucht, wird er nicht auf die Idee kommen, den Fantasie-Namen „Hundeli" einzutippen, wenn er Lieferanten sucht. Außer, dass „Hundeli" der Namen einer Firma ist, die mit ihren und für ihre Produkte bereits sehr bekannt ist (Markennamen).

Google bietet einen exzellenten Service an, das Keywords-Tool unter http://adwords.google.de. Hiermit können Sie analysieren, welche Suchbegriffe Suchende benutzen, wenn sie ein bestimmtes Produkt oder eine bestimmte Information suchen. Google gibt auch an, wie oft dieser Suchbegriff in einem Monat verwendet wurde. Mit der Information können Sie Ihren Domain-Namen an die besten Resultate anpassen. Wenn keiner Ihr Angebot unter den Begriffen sucht, die Sie für die richtigen halten, sollten Sie weiter recherchieren, bis Sie die Begriffe gefunden haben, die vorrangig als Suchbegriffe für Ihr Angebot eingetippt werden.

Wenn Sie beim ersten Anlauf noch keinen guten Domain-Namen gefunden haben, ist das kein Problem. Sie können den Namen später ändern. Außerdem gibt es ja noch einen Blog-Titel und einen Untertitel, die gute Suchbegriffe aufnehmen können. Zum Beispiel kann die Anbieterin für Bio-Futter Ihrem Blog den Untertitel „Bio-Futter für Ihre Tiere mit vielen Tipps für deren Gesundheit" geben. Dieser Untertitel enthält wichtige Suchbegriffe. Je besser der Name Ihrer Firma oder Ihres Blogs Ihr Angebot zum Ausdruck bringt, desto einfacher ist es, Ihre Firma als interessante Adresse mit hilfreichen Informationen für Ihre Klienten zu erkennen. Ihr Angebot wird eher bei den Ergebnissen eines Suchmaschinenlaufs an hervorragender Stelle platziert.

Bei Ihrem Firmennamen sollten Sie vermeiden, für ihn einen allgemeinen Begriff zu benutzen. Zum Beispiel, wenn die Unternehmerin mit Bio-Tierfutter nur den Begriff Tierfutter benützt, wird sie auf den Suchmaschinen-Ergebnis-Seiten mit Millionen von Tierfutter-Anbietern konkurrieren. Sie hat sich für eine bestimmte Gruppe von Kunden entschlossen, die sich für Bio-Tierfutter interessieren. Hier wird die Gruppe der Suchenden wesentlich kleiner sein und die werden ihr Angebot mit Interesse studieren. Auch wird die Zahl der Suchmaschinen-Seiten wesentlich kleiner sein. Sie hat eine gute Chance, bei einer Suche mit ihrem speziellen Angebot und ihren Blog-Informationen auf der ersten Seite der gefundenen Hinweise zu stehen.

Wenn Sie sich für einen Domain-Namen entschieden haben, müssen Sie prüfen, ob der Name frei ist. Mit einem Domaincheck können Sie klären, ob der Name zu haben und zu kaufen ist und nicht schon vergriffen. (Wenn Sie den Begriff „Domaincheck" bei einer Google-Suche eintippen, werden Sie zu diversen Seiten geführt, die diese Möglichkeit bieten.) Es ist leicht, einen Domain-Namen zu registrieren und nicht teuer. Es kostet nur einen ganz kleinen Betrag pro Jahr. Wenn Sie sich für den Werkzeugkasten von Wordpress.org entschließen und nur einen Blog haben, empfehle ich, den Domain-Namen bei Ihrem Web-Server zu kaufen. Viele Unternehmen, wie z. B. die STRATO AG, bieten diese Möglichkeit an.

Ein unverzichtbarer Bestandteil Ihres Domain-Namens ist seine Endung. In Deutschland wird für die Endung meist „.de" gewählt, z.B. „biotierfutter.de", was auf Deutschland als Sitz der Firma hinweist. Die Endung „.com" ist auch recht beliebt, besonders für Firmen, die international tätig sind. Oft ist ein Name mit der Endung „.de" vergriffen, aber mit der Endung „.com" noch frei. Wenn Ihr zunächst gewählter Domain-Namen bereits vergeben ist, versuchen Sie es mit Variationen Ihrer ersten Wahl. Bei „Bio-Tierfutter" könnte es „Bestes-Bio-Tierfutter" sein oder „BestBioTierfutter".

Wenn Sie Ihren Blog bei einem Web-Server angemeldet und Ihren Domain-Namen bei einem (anderen) Domain-Namen-Server registriert haben, z. B. weil Sie Ihren Domain-Namen bei einem Anbieter kaufen und den Speicherplatz für Ihren Blog bei einem anderen, müssen Sie dafür sorgen, dass Ihr Name zum Web-Server, wo sich Ihr Blog befindet, weitergeleitet wird.

Domain-Namen-Server sind zentrale Stellen für die Vergabe von Domain-Namen. Füllen Sie bei einem solchen Anbieter für die Registrierung Ihres Domain-Namens ein Formular aus und teilen Sie mit, dass Ihr Domain-Namen an den von Ihnen gewählten Web-Server weitergeleitet wird. Von Ihrem Web-Server bekommen Sie einen Code, den Sie dem Domain-Namen-Server mitteilen. Dann wird der Domain-Name Ihres Blogs auf den Web-Server weitergeleitet.

All das hört sich kompliziert an. Ist es aber nicht wirklich. Ein Web-Master kann das für Sie erledigen. Später, wenn Sie mehr Erfahrung haben und mehrere Blogs, lohnt es sich, diese doch recht einfachen Arbeiten selbst durchzuführen.

Schlüsselbegriffe (Keywords)
Ich will hier nur Grundsätzliches über die Rolle und die Wichtigkeit der

Schlüsselbegriffe ausführen. Sie können sich in das Thema Schlüsselbegriffe beliebig vertiefen. (Im Englischen und von Google wird der Ausdruck „Keywords" für Schlüsselbegriffe benützt). Die Bedeutung der richtigen Wahl der Schlüsselbegriffe liegt darin, dass sie das Pendant der Suchworte sind, die Suchmaschinenbenutzer eingeben. Die Suchmaschinen ordnen Daten, Namen, Blog-Namen und die in einem Text enthaltenen suchrelevanten Wörter in einen Index ein. Verschiedene Kriterien bestimmen nun, wie suchwürdig ein Dokument ist. Ein Kriterium ist die Aktualität des Dokuments, ein anderes die Häufigkeit des Auftretens ein und desselben Worts im Dokument, seinem Titel, im Namen des Blogs und dem des verantwortlichen Herausgebers, überhaupt und im Zusammenspiel. Deshalb ist es vorteilhaft, Suchbegriffe bereits im Blog-Titel einzuführen. Dann ist es wichtig, bei Ihren Blog-Beiträgen die Suchbegriffe nicht nur im Titel sondern auch mindestens zweimal in dem ersten Abschnitt des Blogs zu verwenden. Und dann wieder am Schluss des Blogs. All das füttert den Reihungsalgorithmus von Suchmaschinen und sorgt dafür, dass Ihr Blog gute Chancen hat, auf einer der ersten Seiten des Suchergebnisses gelistet zu werden. Beim Beispiel „Bio-Tierfutter" sollte dieser Begriff nicht nur im Blog-Titel erscheinen sondern auch im Blog-Inhalt immer wieder auftauchen. Freilich: Die Algorithmen der Suchmaschinenbetreiber sind ein ähnliches Betriebsgeheimnis wie die Rezeptur von Coca-Cola. Schlimmer noch, diese Algorithmen werden von Zeit zu Zeit geändert, denn von ihnen hängen die Einnahmen der Suchmaschinenbetreiber ab. Wenn Sie über mehrere Themen schreiben, sollten Sie für jedes Thema eine Liste von Schlüsselwörtern aufstellen, damit Sie sich immer daran erinnern können, diese in Ihren Blog-Beiträgen und im Titel zu berücksichtigen.

Später, wenn Sie mehr Erfahrung haben, ist es sinnvoll, sich mit diesem Thema intensiver auseinanderzusetzen. Ich benutze nur die Schritte, die ich hier erwähnt habe, und es gelingt mir sehr gut, mit meinen Themen immer auf den ersten Seiten der Suchergebnisse zu erscheinen. Wenn die Konkurrenz größer wird, werde ich mich wahrscheinlich mit SEO (Such-Maschinen-Optimierung) auseinandersetzen. Als Anfänger sollten Sie sich die genannten ersten Schritte merken. Zu viel an Information über diese Materie könnte Sie schnell überfordern.

Wie Sie sehen, ist es wichtig zu erfahren, was Sie anbieten (wollen), für wen dieses Angebot interessant ist, d. h. wer Ihre Kundschaft ist oder sein könnte und wie diese Leute ihr Kaufinteresse über Suchworte instrumentalisieren. Die Antworten helfen Ihnen, die für Ihre Geschäftsinteressen optimalen Schlüsselwörter zu erkennen, bereit zu halten und zu verwenden.

Zusammenfassung – Kapitel 6

- Einen Domain-Namen für Ihren Blog wählen, hierfür geeignete Suchbegriffe verwenden, d. h. die Pendants für die Suchbegriffe, die von Suchenden eingegeben werden, wenn sie Informationen brauchen, die mit Ihrem Fachbereich zu tun haben.

- Ihre Zielgruppe klar definieren, damit Sie Ihren Blog und Blog-Domain-Namen gezielt auf diese Gruppe ausrichten können.

- Die Suchbegriffe fixieren, die zu Ihrem Fachbereich passen. Diese Wörter bzw. Wortfolgen immer wieder in Ihren Blog-Beiträgen benutzen, damit Ihr Blog leicht über diese Begriffe gefunden wird und dadurch eine hervorragende Position in der Reihenfolge des Suchergebnisses erhält.

- Ihren Domain-Namen registrieren, z. B. bei www.strato.de

- Ihre Blog-Plattform auswählen. Wenn Sie Wordpress.org nehmen, was allgemein für einen Geschäftsblog empfohlen wird, brauchen Sie einen Webhoster. Wenn Sie Ihren Domain-Namen bei Strato.de registrieren, können Sie auch die Webhosting-Dienstleistungen dieser Firma beanspruchen. So befinden sich die Registrierung des Domain-Namens und das Webhosting unter einem Dach. Außerdem bietet STRATO die Möglichkeit an, Ihren Wordpress.org-Blog automatisch aufzustellen.

Aktionsplan – Kapitel 6

- Den Domain-Namen für Ihren Blog bestimmen und bei einem
  Domain-Namen-Server registrieren. Die Eignung der Wahl zuvor
  durch eine Suche der im Namen enthaltenen Schlüsselbegriffe
  über mehrere Suchmaschinen abklären.

  ....
  ....
  ....

- Ihre Blog-Plattform festlegen, empfohlen wird Wordpress.org

  ....
  ....
  ....

- Sich bei einer Hosting-Firma wie STRATO AG anmelden und Ihre
  Wordpress.org-Blog-Plattform bei der Hosting-Firma erstellen
  lassen.

  ....
  ....
  ....

- Bei Bedarf das Thema wechseln. Den Kopf (Header) des Blogs von
  einem Grafikdesigner entwerfen lassen oder ein passendes Bild
  aufladen und mit dem gelieferten Kopfbild austauschen.

  ....
  ....
  ....

Kapitel 7
Design und Layout

Ein gutes Design für den Kopf des Blogs ist eine der wenigen Investitionen, die man sich leisten sollte. Es ist wichtig, dass die Besucher eines Blogs sofort erkennen, womit sich Ihr Blog befasst. Eine Grafik kann dies sofort vermitteln. Wenn es zum Beispiel um den Lieferanten von Bio-Ernährung für Tiere geht, muss dies auf Anhieb sichtbar sein, erstens durch die Grafik, die Futter für Tiere erkennen lässt, und zweitens durch die Überschrift, z. B. Bio-Ernährung für Tiere. So weiß der Besucher auf den ersten Blick, dass er wahrscheinlich auf dieser Website fündig wird. Wenn der Untertitel zusätzlich die Aufmerksamkeit auf sich zieht, ist das eine Steigerung der Anziehungskraft.

Wenn es sich um eine Beratungsfirma handelt, deren Angebot nicht so leicht mit einer Grafik darzustellen ist, sollte wenigstens die farbliche Gestaltung auf das Angebot einstimmen, und eine prägnant formulierte Überschrift das Thema ausdrucksstark zur Geltung bringen.
Sie sollten auch Ihr persönliches Foto im Blog haben. Besonders wichtig ist dies, wenn Sie Coach oder Berater sind. Ein Blog hat etwas Persönliches. Der Leser möchte die Person kennenlernen. Ein Foto ist ein Schritt auf dem Weg dahin.

Bei einem Blog haben Sie die Möglichkeit, feststehende Seiten dazu zu stellen. Hier sollte Ihre Biographie, das Impressum und die Firmenbeschreibung Ihres Unternehmens zu finden sein. Bemühen Sie sich, eine ausführliche und aussagekräftige Biographie zu schreiben.

Die richtigen Farben für Ihren Blog aussuchen.

Farben spielen beim Design Ihres Blogs eine wichtige Rolle. Nachfolgend möchte ich Ihnen die Bedeutung der Farben kurz beschreiben. Wenn Sie für Ihren Blog Farben aussuchen, die für Ihre Firma sprechen sollen, zum Teil der Marke Ihrer Firma werden, ist es wichtig zu wissen, welche Bedeutung die Farben haben, ob sie die Botschaft transportieren, die Sie aussenden wollen.

Blau:

Blau ist bei großen Firmen sehr beliebt. Es strahlt Ernsthaftigkeit, Sicherheit und Zuverlässigkeit aus. Es ist eine Farbe, die mit dem logischen Denken zu tun hat. Sie wird besonders gerne gewählt von Firmen, die Technik produzieren. Blau drückt auch Autorität aus und wird daher oft von Banken, Finanzberatern und Unternehmensberatern eingesetzt.

Grün:

Als in der Natur vorherrschende Farbe steht Grün für Heilung und Entspannung. Darum bietet Grün sich für die Website von Firmen an, die mit dem Wellness-, Umwelt-, Pflege- oder Heilungsbereich zu tun haben. Berater, die in diesen Bereichen arbeiten, werden sich mit Grün gut darstellen.

Die psychologische Wirkung verändert sich je nach Grünton. Blaugrün ist die Farbe des Wassers und wirkt sehr innig und introvertiert, ist für Badeprodukte beliebt, weil es Frische ausdrückt. Die Olivgrüntöne sind die Farben der Natur und wirken auf uns vertraut und beruhigend. Diese Grüntöne wirken gütig und stehen für Aufnahmebereitschaft, Geduld und Mitgefühl. So sind Grüntöne ideal für Menschen, die diese Qualitäten nach Außen ausdrücken möchten, wie Therapeuten, Coaches im psychologischen Bereich und Menschen, die heilende Berufe haben, natürlich auch für diejenigen, die mit und in der Natur arbeiten.

Gelb:

Gelb ist die Farbe der Kommunikation und Bewegung. Diese Farbe ist ideal für Firmen, die mit Kommunikation und Information arbeiten. In die Sonne zu reisen passt sehr gut zum Gelb. Sportarten, die mit Bewegung und Freiheit zu tun haben, wie Radfahren oder Fliegen, können gut mit dieser Farbe werben. Gelb wird mit Kreativität in Verbindung gebracht und ist daher für Werbeagenturen und andere Formen von kreativer Kommunikation sehr geeignet.

Gelb ist eine recht aggressive Farbe, die gerne nach vorne springt. Deshalb sollten Sie sparsam mit ihr umgehen. Sonst wird man außer Gelb nichts anderes wahrnehmen: also eher als Akzent einsetzen und nicht als Hauptfarbe. Da diese Farbe stark leuchtet, wird sie auch in kleineren Mengen vordergründig wirken.

Orange:

Orange ist die Farbe der Motivation, der Energie, Vitalität. Für Motivationsberater ist diese Farbe als Teil ihres Logos sehr gut geeignet. Diese Farbe ist für Alles gut, was mit vitalisierender Ernährung zu tun hat.

Orange ist in der Tat eine freundliche, unkomplizierte, lebenslustige Farbe. Es ist eine Mischung aus Gelb, das symbolisch für den Geist steht, und Rot, das Emotionalität symbolisiert. Orange hat aber seine ganz eigene Charakteristik. Es verbindet Geist und Emotionen zu einer gutmütigen, lebendigen Farbe. Es ist nicht so aggressiv wie Rot, verfügt aber über dessen kraftvolle Energie, und ist nicht so intellektuell wie Gelb, hat aber die gleiche Helligkeit und Heiterkeit.

Wenn Sie mit Ihrem Logo Kontaktfreude, Lebenslust und Vitalität zum Ausdruck bringen wollen, dann ist Orange die richtige Wahl. Orange ist wie Gelb eine recht aufdringliche Farbe. Deshalb müssen Sie auf die Dosierung achten.

Rot:

Rot ist die Farbe der Kraft, Dominanz, des Kampfes, der Durchsetzung. Es wirkt besonders belebend und anregend. Sportarten wie Radrennen und alle Kampfsportarten werden mit dieser Farbe kraftvoll präsentiert. Diese Farbe ist sehr geeignet, wenn Entschlossenheit, Leistung und Stehvermögen zum Ausdruck gebracht werden sollen. Rot steht symbolisch für Zielstrebigkeit und Tatkraft.

Violett:

Als Farbe der Spiritualität, der Besinnung, des Luxus und der Magie ist Violett ideal, wenn Sie diese Themen ausdrücken wollen. Es kann auch für den psychologischen Bereich eine gute Farbe sein, wenn die Arbeit eher spiritueller Natur ist. Violett birgt sowohl die wärmste Farbe in sich, das Rot, als auch die kühlste, das Blau. Es ist die Farbe der Verinnerlichung und Nachdenklichkeit. Violett fördert sowohl Meditation als auch die körperlich-geistige Entspannung. Es löst uns sanft von den Verpflichtungen des Alltags und verhilft uns dazu, mehr Abstand zu gewinnen, ähnlich wie eine Meditation oder Yoga.

Violett ist auch die Farbe der Kreativität, die es uns ermöglicht, in die Tiefen der Seele vorzudringen und dabei schöpferisch Erkenntnisse ans Licht zu bringen, indem wir beispielsweise ein Kunstwerk schaffen. Deshalb ist Violett eine Farbe der Kreativen. Sie steht auch für Mitgefühl. Diese Farbe lässt die Nöte der Menschen tiefer nachempfinden und motiviert zu Hilfe und Unterstützung. Violett verbindet uns symbolisch mit Einsicht und Würde.

Braun:

Braun ist die Farbe der Erde und vieler Nahrungsmittel. Nüsse, Schokolade und Kaffee werden sofort mit Braun assoziiert. Die Farbe wirkt beruhigend. Alle ihre Töne, von Dunkelbraun bis zum Beige, sind ideal, wenn Bodenständigkeit, Gemütlichkeit, Genuss und ruhige Nerven zum Ausdruck gebracht werden sollen. Braun wirkt zuverlässig und vertraut, ist in keiner Weise geistig abwesend, sondern wirkt eher präsent mit allem, was da ist, ohne groß zu verurteilen. Es ist ursprünglich in seiner Wirkung, aber je nach Material-Oberfläche, ob samtig oder seidig, sehr sinnlich.

Schwarz-Weiß:

Schwarz und Weiß bilden die absoluten Urpolaritaten, von Licht und Finsternis. Sobald das Licht erlöscht, entsteht Finsternis, erscheint das Licht, verschwindet die Dunkelheit. Licht ist „leicht" und „durchlässig". Es vermittelt uns ein Gefühl von Erhabenheit und Reinheit. Das Dunkle hingegen ist schwer, dicht, verschlossen. Es vermittelt Festigkeit, Beständigkeit und Konzentration.

Schwarz und Weiß werden gerne benutzt, um abstraktes Denken zu vermitteln. Wenn der Intellekt herrschen soll und Gefühle zurückgenommen werden sollen, stellen Schwarz und Weiß diesen geistigen Ton sehr gut dar. Auch modernes Design, schlicht und klar, wird gerne mit Schwarz und Weiß entworfen. Bunte Farben werden vermieden, sodass die Form voll zur Geltung kommen kann.

Farbkombinationen

Wenn Sie Farben kombinieren, vereinen Sie auch deren unterschiedliche Symbolik. Deshalb ist es immer gut zu fragen, welche Qualitäten will ich zum Ausdruck bringen, und dann die geeigneten Farben passend dazu auszusuchen. Wenn Farben kombiniert werden, ändert sich die Wirkung der Farben. Zum Beispiel verliert Rot an Dominanz, wenn Sie Blau und Rot zusammenstellen. Das geistreiche Blau übernimmt einen Teil der Dominanz. Das sieht man. Rot mit Schwarz dagegen wirkt absolut, kraftvoll und herrschsüchtig. Deshalb wird es wichtig, um die Wirkung von Farbkombinationen zu wissen.

Wenn Sie wissen, welche Bedeutung eine Farbe hat, ist es Ihnen möglich festzustellen, was mit dieser Farbe in Kombination mit einer anderen passiert: Verliert sie an Kraft oder wird ihre Wirkung gesteigert. Prüfen Sie, ob die Begleitfarbe Ihre Logo-Farbe unterstützt, psychologisch wie auch visuell.

Zusammenfassung – Kapitel 7

- Der Kopf Ihres Blogs soll professionell wirken und ganz klar das Thema des Blogs zum Ausdruck bringen.

- Der Titel des Blogs soll ebenfalls klar ausdrücken, was der Blog zum Inhalt hat. Der Untertitel sollte dieses Leitmotiv weiter verstärken.

- Ein Foto von Ihnen und Ihr Name sollten auf der ersten Seite zu sehen sein. Auch ein Geschäftsblog ist persönlich, insbesondere der eines kleinen Unternehmens. Der Leser möchte die handelnde Person bzw. die zuständigen Personen kennenlernen, die für den Blog verantwortlich sind.

- Stellen Sie eine detaillierte, überzeugende und informative Biographie auf.

- Benutzen Sie die richtigen Farben für Ihren Blog, um Ihre Marke – das Gesicht Ihres Unternehmens und die Qualitätsgarantie für Ihre Angebote – gut darzustellen.

Aktionsplan – Kapitel 7

- Entscheiden Sie sich für ein Design für den Kopf Ihres Blogs: Schauen Sie sich die Blogs vergleichbarer Unternehmen aus Ihrem Geschäftsbereich an und lassen Sie sich inspirieren.

  ....

  ....

  ....

  ....

  ....

- Bestimmen Sie den Zeitaufwand. Denken Sie daran, dass Sie später das Design ändern können, wenn Ihnen Besseres dazu einfällt.

  ....

  ....

  ....

- Bis wann ist das Design fertig?

  ....

  ....

- Welche Unterstützung brauche ich?

  ....

  ....

  ....

  ....

  ....

- Welcher Titel und Untertitel bringt am besten mein Angebot zum Ausdruck und die Vorteile für meine Kunden? Wie kann ich diese Texte kurz und prägnant formulieren?

  ....
  ....
  ....
  ....
  ....
  ....

- Bis wann habe ich ein professionelles Foto von mir?

  ....
  ....
  ....

Kapitel 8
Themen und Inhalte für Ihren Geschäftsblog

Wie fülle ich die Seiten meines Geschäftsblogs?

Was Sie in Ihrem Geschäftsblog veröffentlichen, muss dazu dienen, dass Sie die strategischen Ziele erreichen, die Sie mit dem Schreiben des Geschäftsblogs verfolgen. Natürlich können einige Fortsetzungen mal seitliche Arabesken enthalten, die möglicherweise sogar lieber gelesen werden als an den strategischen Zielen ausgerichtete Texte. Diese können, insbesondere wenn sie gehäuft auftreten, leicht penetrant wirken. Und dass der Blog von seinen Anhängern ständig gelesen wird, ist für sich ja schon ein Schritt auf dem Weg zu den strategischen Zielen. (Wenn ich hier und auf den folgenden Seiten die Begriffe „Schreiben", „Texte" und „Lesen" benutze, stehen diese für all das, was ein Blog enthalten kann: Texte, Grafiken, Bilder, kurze Videos, Töne, Sprache usw.).

Wenn Sie ein Thema für Ihren Blog gewählt haben, wissen Sie sicher Einiges über den Bereich, zu dem das Thema gehört. Ihnen schwebt wahrscheinlich vieles vor, über das Sie schreiben und reden können. Sie könnten jedoch zunächst Schwierigkeiten haben, Ihr Wissen in kleinere Portionen aufzuteilen. Anfangs sind Sie sich möglicherweise nicht sicher, womit Sie anfangen sollen. Die besten Blog-Beiträge sind auf eine bestimmte Anwendungsmöglichkeit begrenzt, sind nützlich, informativ und unterhaltsam.

Um meine Ausführungen konkreter zu machen, greife ich zwei bereits erwähnte Beispiele auf, einmal eine produktorientierte Firma, die Unternehmerin für Bio-Tierfutter, und zum anderen eine Firma mit Dienstleistungscharakter, die Therapeutin mit der psychologischen Anwendung von Märchen.

Verschiedene Ideen für gute und abwechslungsreiche Blog-Beiträge, die Ihnen beim Schreiben helfen könnten, anfangs und später, wenn Ihr Blog bereits beliebt ist und Sie schon viel Erfahrung haben, habe ich in der folgenden Liste zusammengestellt.

- In jeder Sparte, in jedem Geschäftsbereich, kommen die meisten Fragen von Unerfahrenen, von Anfängern. Ein solcher könnten in einem für Sie neuen Geschäftsbereich auch Sie selbst sein. Typische Anfänger-Fragen eignen sich sehr gut als Ausgangspunkt für einen Blog-Beitrag. Sie können eine Liste solcher Fragen zusammenstellen und die Fragen nach und nach in Beiträgen für Ihren Blog beantworten. So haben Sie am Anfang Ihres Blogger-Lebens gleich genügend Stoff für die ersten Beiträge.

- Im Falle der Therapeutin mit ihrem Nischengeschäft könnten Fragen von Müttern kommen. Wie wähle ich die richtigen Märchen für meine Kinder aus? Wie stark beeinflussen Märchen meine Kinder? Was bedeutet es, wenn ich als Erwachsener meine Lieblings-Märchen immer noch liebe? Fragen von Lesern sind sehr hilfreich, wenn es darum geht, einen die Leser ansprechenden Stoff für den Blog zu finden.

- Erstellen Sie eine Liste mit Tipps, die für Ihre Leser nützlich sind und die sie ausdrucken können. Bei dem Tierfutter-Unternehmer könnte es eine Liste der Vitamine sein, die für eine Tierart wichtig

- sind und deshalb in der Ernährung enthalten sein sollten. Für die Therapeutin, die mit Märchen arbeitet, könnte es eine Liste der besten alten Märchen sein, verbunden mit Hinweisen auf die Moral dieser Geschichten. Es werden Ihnen immer neue Ideen für solche Listen einfallen. Zu jedem Listeneintrag können Sie einen Blog schreiben. Die Idee für die Liste ist der übergeordnete Gesichtspunkt.

- Erstellen Sie eine Zusammenfassung der letzten Neuigkeiten, die in den Fachmedien Ihres Arbeitsbereichs in der letzten Zeit erschienen sind. Bei der Therapeutin könnten es Märchenfilme sein, die zur Zeit im Kino oder im Fernsehen laufen, Kritiken über diese Filme, die in der Zeitung erschienen sind, oder neue Bucherscheinungen. Beim Bio-Tierfutter sind es Skandale über Gift in der Ernährung in den Nachrichten, die im Blog über Bio-Tiernahrung angesprochen werden können. Auch gibt es immer wieder neue wissenschaftliche Erkenntnisse über eine gesunde Ernährung von Tieren, was als Information für Tierliebhaber im Blog interessant und lesenswert ist.

- Listen Sie eine Reihe Möglichkeiten auf wie "Die 10 besten Tipps, um .." oder „Mehr Möglichkeiten, um ...". Im Fall des Unternehmens für Bio-Tierfutter könnte es eine Liste der wichtigsten Mineralien für ein schönes Fell sein. Für die Therapeutin könnte es eine Liste sein wie: „Die besten Märchen, Ihrem Kind ein bestimmtes Verhalten beizubringen oder abzugewöhnen".

- Verfassen Sie eine detaillierte Schritt-für-Schritt-Anleitung, die Ihren Kunden zeigt, wie sie etwas Bestimmtes lernen oder werden können. Zum Beispiel könnte die Therapeutin erklären, wie man lernen kann, Märchen wundervoll vorzutragen. Die Unternehmerin für Bio-Tierfutter könnte erklären, wie oder wo man lernen kann, eine bestimmte Hunderasse zu züchten. Diese Anleitungen werden über eine Serie von Blog-Beiträgen verteilt, mit Teil 1, Teil 2, usw.

- Erstellen Sie am jeweils gleichen Wochentag einen "wortlosen Beitrag", in dem Sie nur ein Bild in Ihrem Blog bringen. Selbstverständlich müssen Sie ein Bild wählen, das eine sehr ausdrucksvolle Beziehung zu Ihrem Blog-Thema hat und möglichst auch eine Botschaft, ob lustig, ungewöhnlich oder in irgendeiner Weise inspirierend. Die Bio-Tierfutter-Unternehmerin könnte Bilder vom frechsten Hund der Woche zeigen. Das ist eine Serie, die über viele Wochen amüsiert und gefällt. Später könnte sie eine neue Serie, zum Beispiel den eitelsten Hund der Woche, bringen. Die Therapeutin könnte Clip-Art von Märchenfiguren besorgen und wöchentlich eine bekannte Märchenfigur darstellen, oder Bilder von Kindern besorgen, die bekannte Märchen spielen. Im Internet kann man sehr günstig, zum Teil kostenlos, ausgesprochen gute Clip-Art oder Fotos erhalten.

- Erstellen Sie eine Liste der Top 10 Websites, die sich mit ähnlichen Themen wie die Ihren befassen. In allen Bereichen gibt es so viele Websites, die interessant sind und sich für eine solche Auflistung eignen. Man kann ganz bewusst Websites aufsuchen, die Ihr Thema bearbeiten, aber von einer ganz anderen Perspektive aus. Entlarven Sie einen Mythos und erklären Sie, warum so viele Men-

- schen dem Irrtum des Mythos verfallen sind. Zum Beispiel: "Warum schneller Gewichtsverlust auf Dauer nicht hilft – und was aber wirklich hilft". Inzwischen gibt es so viele dicke Hunde, dass die Unternehmerin für Bio-Tierfutter über diesen Aspekt schreiben könnte. Ihre Leser werden sicher sehr dankbar sein. Bei Märchen gibt es erst recht viele Missverständnisse, was Märchen ausdrücken wollen und was nicht, die sicher interessant sind und über die man schreiben könnte. Man könnte sich jede Woche ein Märchen vornehmen und seine wahre Bedeutung aufdecken.

- Eine Serie von Blog-Beiträgen schreiben, in denen Sie vergleichen oder kontrastieren, oder eine Liste mit allen Vor- und Nachteilen erstellen. Die Unternehmerin für Tierfutter könnte Ernährungsmöglichkeiten vergleichen oder diverse Produkte für den Hund oder für die Katze. Bei Märchen könnte man Märchen als Erziehungsmöglichkeit mit anderen Methoden vergleichen.

- Eine Geschichte, ein Gedicht oder einfache Prosa mitteilen: Für alle denkbaren Themen findet man schöne Gedichte. Man muss nur wegen des Copyright die Rechte für eine Wiedergabe klären. Tiere und Märchen sind natürlich für so eine Möglichkeit ideal. Sie können vielleicht selbst Gedichte schreiben.

- Eine sehr effektvolle Möglichkeit, Ihren Blog-Status zu heben, ist, in Ihrem Geschäftsbereich bekannte Persönlichkeiten zu interviewen. Es ist erstaunlich, wie zugänglich viele Personen sind. Wenn Ihr Blog eine gute Ausstrahlung hat, wird es keinen Grund geben, Ihnen abzusagen. Im Gegenteil, der Blog würde Ihren Interview-

Partner unterstützen, seine eigene Arbeit bekannt zu machen. Sie können dieses Interview schriftlich durchführen. Was ganz wirkungsvoll bei einem Blog sein kann, ist die Tatsache, dass sie Töne in Ihren Blog einbetten können. Außerdem gibt es Telefon-Konferenz-Dienstleistungen, die es Ihnen erlauben, das Gespräch aufzunehmen und dann in Ihrem Blog wiederzugeben. Mit dieser Methode können Sie sogar eine Serie von Interviews führen, die zusammenbinden und als Produkt auf Ihrem Blog „verkaufen". Dies ist eine der vielen Möglichkeiten, die Sie später haben, wenn Sie die Anfangsschritte Ihres Blogs gut bewältigt haben. Eine Serie von Interviews mit Spezialisten für Tiernahrung oder für das Training von Hunden oder Katzen ist sehr wirkungsvoll. Die Therapeutin könnte Interviews mit Psychologen, die mit Märchen arbeiten, führen und gute Tipps geben, wie man Märchen für Kindererziehung oder auch zum Aufdecken sabotierender Glaubenssätze benutzt. Solche Interviews stärken Ihren Status und machen Sie in Ihrem Gebiet zur Autorität.

- Laden Sie einen Experten auf Ihrem Gebiet als Gastblogger ein, der seine Erkenntnisse und Weisheiten Ihren Lesern mitteilt. Für einen Blog über Tiere könnte ein Tierarzt sehr viel aus der Praxis mitteilen, z. B. was Tierbesitzer aus Unkenntnis falsch machen, und wie sie richtig vorgehen sollten. Im psychologischen Bereich gibt es viele Richtungen. Die Therapeutin wird wissen, welche Richtung zu ihrem Gebiet passt und wie wirkungsvoll sie für ihre Zielgruppe sein könnte. Auch in diesem Fall machen Sie nicht nur gute Werbung für Ihre Gäste sondern auch für sich selbst.

- Schreiben Sie Beiträge mit Ihrer persönlichen Meinung über ein neues Produkt oder eine Dienstleistung. Gerade solche Beiträge lassen sich sehr leicht schreiben. Sie geben Ihnen die Möglichkeit, auf dem Laufenden zu bleiben über das, was sich in Ihrem Bereich derzeit abspielt. Solche Beiträge stärken Ihr Image als Autorität in Ihrem Bereich.

- Geben Sie einen Überblick über andere Blogs oder Newsletter in Ihrer Nische. Sie können sich auch über einen bestimmten Blog-Beitrag äußern, erklären, warum Sie den Beitrag lesenswert finden. Selbstverständlich können Sie auch kritische Bemerkungen geben, aber immer mit einem positiven Unterton und immer mit einer Drehung zum Guten. Schließlich sind alle Blogs Meinungsäußerungen und es ist wichtig, dass wir Andersdenkende respektieren. Es geht nicht darum, ob Sie Recht haben oder Unrecht. „Ihre Sicht der Dinge unterscheidet sich etwas von meiner, es war mir jedoch wichtig, Ihre zu lesen. Und gerne empfehle ich den Blog meinen Lesern" usw. Natürlich, wenn Sie ein Journalist sind, und Ihr Blog Themen behandelt, die wirklich strittig sind, ist das eine andere Sache. Wenn jemand in Ihrem Fachbereich Unsinn schreibt, ist das ein Blog, der nicht lange leben wird, denn die Internet-Leser sind informiert und können sehr gut zwischen guten und schlechten Informationen unterscheiden. Sie werden sich auf solche Blogs nicht beziehen wollen, denn das wäre für Sie kein Renommee. Und ist ein ehrlicher Anfänger in Ihrem Fachbereich unterwegs, werden Sie wahrscheinlich für ihn ein Vorbild und weniger daran interessiert sein, sich auf seine Informationen zu beziehen.

- Veröffentlichen Sie öfters Original-Artikel von Gast-Bloggern. Als Gegenleistung können Sie ihnen einen Link zurück zu ihren Blogs oder Websites zusagen. Später, wenn Sie mehr Erfahrung haben, ist dies eine wirkungsvolle Art, Links hin und zurück zu generieren, was zu einer besseren Platzierung auf den Google-Seiten führt. Google sieht in so verlinkten Blogs besonders interessante und informative Webseiten, und möchte deshalb allen interessierten Lesern Ihre Informationen zugänglich machen. Mit der Zeit wird man sich mit anderen Blog-Besitzern, die in einem ähnlichen Fachbereich aktiv sind und darüber schreiben, befreunden. Es ist nützlich, eine Liste von Bloggern zu führen, die über ähnliche Themen, wie man selbst, schreiben, vor allem wenn es sich dabei um ergänzende Gesichtspunkte handelt. Sie können für diese Kollegen ebenfalls Artikel schreiben, Links auf Ihren Blog setzen lassen, wie oben erwähnt, und umgekehrt. Hierdurch entsteht ein sehr wirkungsvolles Kommunikationsnetz, das Ihnen ermöglicht, ziemlich rasch immer bekannter zu werden. Bei Blog-Verzeichnissen, wie Technokrati, finden Sie fast alle guten Blogs aufgelistet. Wichtig ist, sich mit Ihrem Blog bei Technokrati anzumelden, wenn Ihr Blog für eine Weile gut gelaufen ist. So werden Sie leichter gefunden.

- Schreiben Sie Rezensionen über Bücher in Ihrer Nische und teilen Sie Ihre Meinung über deren Inhalt mit; was der Autor zu sagen hat, wie Sie die Sache sehen. Jeder liest sicher viele Bücher seines Fachbereichs. Sie können Ihre Feststellungen leicht an die Leser Ihres Blogs weitergeben. Es gibt viele neue Bücher und Ihre Leser werden dankbar sein, wenn sie gute Fachbücher empfohlen bekommen. Da Sie aus dem Fach kommen, sind Sie in der Lage, die Güte des Gelesenen zu beurteilen. Die Unternehmerin für Tierfutter hat Hunderte von Publikationen zur Verfügung und könnte theoretisch jede Woche über eine davon schreiben. Nicht unähnlich ist es bei der Therapeutin. Gerade im „Self-Improvement"-Bereich ist die Zahl der Neuerscheinungen sehr groß. Der Fachmann kann mit Sicherheit unterscheiden, welche davon besonders nützlich sind.

- Teilen Sie einige einschlägige Statistiken Ihren Lesern mit und laden Sie sie ein, die Zahlenwerte zu kommentieren. Im Fall der Tierfutter-Unternehmerin gibt es sehr viele offizielle Informationen darüber, wie viele Haustiere, ähnlich wie wir Menschen, früh an Krankheiten wie Diabetes erkranken oder sterben, weil sie falsch ernährt werden. Statistiken darüber zeigen, wie gravierend diese Problematik ist und laden dazu ein, sich aktiver darüber zu informieren.

- YouTube bietet viele interessante Videos zu vielen Themen an. Sie können welche aussuchen, die zu Ihrem Thema und Ihren Lesern passen. Videos sind sehr beliebt und können dazu beitragen, Ihren Blog sehr populär zu machen. Später, wenn Sie mehr Blog- Erfahrung haben, können Sie Ihre eigenen Videos erstellen. Mit den neuen Techniken ist das gar nicht schwer. Man kann sogar eine informative Powerpoint-Präsentation als Video produzieren, was lebendiger wirkt als reiner Text und Abwechslung in Ihren Blog bringt.

- Setzen Sie eine Umfrage auf über ein wichtiges Thema. Die Therapeutin könnte fragen, welche Märchen ihre Leser als Kind gelesen und welche sie immer noch im Gedächtnis haben. Danach könnte sie die Ergebnisse dazu als neuen Blog-Beitrag veröffentlichen und ihre Kommentare dazu schreiben. Solche Umfragen sind sehr beliebt und es gibt sehr einfach zu bedienende Techniken, die diese Umfragen unterstützen.

- Nach ca. einem Jahr haben Sie viele gute Informationen publiziert, die längere Zeit ihre Gültigkeit behalten. Sie können einige dieser alten Blog-Beiträge aktualisieren. Für neue Leser werden Ihre Informationen wie frische wirken. Leser, die über längere Zeit Ihre Information beziehen, werden solche Beiträge gerne wieder zur Auffrischung lesen, ohne das Gefühl zu haben, bereits Gelesenes wieder zu lesen.

- Schreiben Sie eine Folge von Beiträgen für die Einsteiger in Ihre Nische und laden Sie sie ein, ihre Erfahrungen mitzuteilen, wie ihnen die Information hilft, ob sie Fragen dazu haben. Solche Beiträge animieren Leser mit viel Erfahrung und Wissen, sich mitzuteilen. Andere Blogger finden es interessant Kommentare abzugeben, um ein Netzwerk von Kommunikation und Kontakten aufzubauen. Darauf werde ich eingehen, wenn es in einem späteren Kapitel darum geht, wie Sie Ihren Blog schnell bekannt machen können.

- Stellen Sie eine Liste von relevanten Ressourcen und Links zu anderen Seiten im Internet zusammen. So eine Liste zeigt, wie wissend Sie sind und wie wichtig als Autorität auf Ihrem Gebiet. Sie können auch auf wichtige Messen, Vorträge usw. hinweisen.

- Erzählen Sie von persönlichen Erfahrungen darüber, wie Sie mit Herausforderungen in Ihrer Branche zurecht gekommen sind. Menschen lieben Geschichten und besonders solche über Erfahrungen und Erfolge, die zunächst mit Misserfolgen anfingen.

- Schreiben Sie über Fälle, die sich anbieten, bereichernde Informationen über ein hochaktuelles Thema zu liefern. Im Fall der Unternehmerin für Bio-Tierfutter könnte sie über Fälle bei ihren Kunden schreiben, und erzählen, wie deren Tiere durch die richtige Ernährung bedeutend gesünder geworden sind. Die Therapeutin könnte zwischendurch über Erfolgsfälle schreiben.

Wenn Sie diese Liste erschöpft haben, besuchen Sie einige Ihrer Lieblings-Blogs, außerhalb Ihrer eigenen Branche und lassen Sie sich inspirieren. Halten Sie einen Notizblock bereit, so dass Sie neue Ideen notieren können. Besonders, wenn Sie unterwegs sind, bei Klienten, Messen, Vorträgen, auch im Kino und in Konzerten. Mit den Kindern und der Familie unterwegs werden Ihnen immer wieder neue Ideen begegnen, und Sie werden nie ohne Ideen für Ihre Blog-Beiträge sein. Mit der Zeit, durch die Fokussierung, werden Sie die Welt ganz anders sehen. Ihr Schreiben wird immer besser und flotter.

Zusammenfassung – Kapitel 8

Wenn Sie mehrere Themen für Ihre Blogbeiträge haben, fallen Ihnen leichter Ideen ein. Hier einige Beispiele:

- Typische Fragen aus Ihrem Bereich beantworten.
- Eine Liste mit Tipps erstellen.
- Laden Sie Experten ein, einen Blogbeitrag zu schreiben. Als Gegenleistung geben Sie eine kostenlose Werbung.
- Geben Sie einen Überblick über andere Blogs oder Newsletter in Ihrem Gebiet.
- Schreiben Sie Ihre Bewertung von anderen Dienstleistungen oder Produkten (möglichst auf Gutes bezogen).
- Eine Geschichte, ein Gedicht, ein Zitat wiedergeben, eventuell mit einem Kommentar.
- In Ihrem Bereich bekannte Persönlichkeiten interviewen.
- Eine Schritt-für-Schritt-Anleitung dafür, etwas zu können.
- Einen „wortlosen" Beitrag erstellen, ein Bild oder eine Karikatur.
- Veröffentlichen Sie einen Artikel eines Gastbloggers.
- Buch-Rezessionen schreiben.
- Erstellen Sie eine Liste mit Hinweisen auf Ressourcen und Links zu anderen Seiten.
- Schreiben Sie über persönliche Erfahrungen oder Erfahrungen Ihrer Kunden.

Aktionsplan – Kapitel 8

Es hilft sehr, Ihre Kreativität zu steigern, wenn Sie einen Monatsplan für Ihren Blog haben. Sie können drei verschiedene Blogthemen aussuchen, die Sie wöchentlich für Ihren Blog verwenden möchten. So werden Sie schneller Ideen entwickeln.

Woche 1
Blogthema(a)...
Blogthema(b)...
Blogthema(c)...

Woche 2
Blogthema(a)...
Blogthema(b)...
Blogthema(c)...

Woche 3
Blogthema(a)...
Blogthema(b)...
Blogthema(c)...

Woche 4
Blogthema(a)...
Blogthema(b)...
Blogthema(c)...

Kapitel 9
Für Ihren Blog werben

Werbung im Internet

Wenn Sie ca. drei mal in der Woche Beiträge für Ihren Blog schreiben und dabei gezielt die zugehörigen Schlüsselwörter einsetzen, die auf Ihre Kunden zugeschnitten sind, werden Sie bald im Internet auffallen. Es dauert 2 bis 3 Monate, bis Ihre Beiträge immer zu finden sind, sobald man Ihre Schlüsselwörter als Suchbegriffe eingibt. Suchmaschinen erkennen Sie als jemanden, der interessante Informationen liefert und es kann sein, dass Hinweise auf Ihre Neuigkeiten innerhalb weniger Stunden auf den ersten Seiten der Suchergebnisse stehen. Wichtig für Ihren Erfolg sind Konsistenz und Regelmäßigkeit.

Darüber hinaus wollen Sie für Ihren Blog neue Leser gewinnen. Wenn Sie schnell eine große Besucherzahl für Ihren Blog haben wollen, gibt es eine Menge Aktivitäten, die Ihnen helfen, sichtbar zu werden und Ihren Blog bekannt zu machen. Viele davon sind einerseits sehr wirkungsvoll und andererseits kostengünstig. Damit Sie am Anfang nicht durch ein Zuviel überfordert werden, werde ich nachfolgend nur die wichtigsten Maßnahmen nennen. Wenn Sie die gut beherrschen, können Sie die anderen Möglichkeiten erforschen und in Ihr Marketing integrieren. Nutzen Sie die aufgelisteten Gelegenheiten, neue Interessenten zu gewinnen und sie auf Ihren Blog zu lenken.

Nehmen Sie an sozialen Medien wie Facebook und Twitter teil.

Wenn Sie direkt Geschäftsleute ansprechen wollen, ist auch Xing für Sie wichtig. Daneben gibt es viele andere soziale Medien, wo Sie aktiv werden können. Diese drei sind jedoch am wichtigsten. Und wenn Sie verstehen, sie wirklich zu nutzen, können Sie davon enorm profitieren. Sie können auch alle von Ihnen benutzte Medien vernetzen. Jedes mal, wenn Sie einen neuen Blog-Beitrag schreiben, kündigen Sie dies bei Facebook, Twitter und Xing an und laden Sie Ihre Gemeinschaften ein, den Beitrag zu lesen.

Benutzen Sie jeden Blog-Beitrag dazu, Ihre Leser einzuladen, Ihre Blog-Beiträge kostenlos zu abonnieren, indem sie sich mit ihrer E-Mail-Adresse anmelden. Fügen Sie jedem Beitrag eine Fußzeile bei, die ungefähr folgendes zum Inhalt hat: "Wenn der Artikel Ihnen gefallen hat, können Sie per E-Mail informiert werden, wenn neue Artikel erscheinen. Zu diesem Zweck geben Sie bitte auf dem Anmeldeformular rechts oben Ihre E-Mail-Adresse an." Mit der Zeit bekommen Sie eine Liste von Interessenten. Dies ist sehr wertvoll, denn Sie versammeln eine Gruppe von Menschen um sich, die an dem, was Sie tun, interessiert sind. Die Mitglieder dieser Gruppe werden Ihnen mit der Zeit vertrauen, da Sie immer sehr nützliche Informationen liefern. So können diese Interessenten mit der Zeit dann zu Kunden werden. Die Anmelde-Formulare für Ihren Blog können Sie kostenlos bei Feedburner (Google) beantragen.

Suchen Sie Gast-Blogger, die in Ihrem Blog Beiträge veröffentlichen. Sie bitten den Gast, seine Blog-Leser darüber zu informieren und sie zu Ihrem Blog weiterzuleiten. Das Gleiche bieten Sie Ihrem Gast an. So können beide ihre Leserschaft steigern und damit auch ihre Bekanntheit. Blogger sind im allgemeinen sehr kontaktfreudige Menschen oder werden es mit der Zeit.

Führen Sie eine Google-Suche auf Blogs Ihrer Nische. Merken Sie sich die Top-Ergebnisse und notieren Sie eine Handvoll davon, um die Blog-Schreiber zu kontaktieren. Sie werden einen größeren Erfolg haben, wenn Sie Ihre Anfrage ganz gezielt auf das Angebot des jeweiligen Bloggers richten und Themen für Blog-Beiträge Ihrerseits anbieten. Sobald Ihre Beiträge publiziert werden, wird auch ein Link auf Ihre Website veröffentlicht. Dies ist eine großartige Möglichkeit für Sie, einen frischen, interessanten Inhalt für Ihren Blog zu bekommen und Aufmerksamkeit für Ihren Blog zu gewinnen. Wenn Sie eine Website haben, binden Sie auf jeder Seite Ihrer Website einen Link zu Ihrem Blog ein.

Treten Sie Foren bei, die sich mit Ihren oder ähnlichen Themen beschäftigen, und informieren Sie deren Mitglieder über Ihren Blog. Bei Foren dürfen Sie nicht direkt werben, aber Sie können interessante Kommentare hinterlassen, die die Mitglieder auf Sie aufmerksam machen. Und die haben dann die Möglichkeit, Ihre Biographie anzuschauen, wo sie dann den Link auf Ihren Blog finden. Fügen Sie die Adresse Ihres Blogs Ihrer E-Mail-Signatur bei. Laden Sie kurz ein, Ihren Blog zu besuchen. Diese Information wird dann auf all Ihren E-Mails erscheinen und für Ihren Blog werben.

Verwenden Sie Ihre wichtigsten Suchbegriffe im Titel, im ersten Absatz, im letzten Absatz und einige Male in jedem Beitrag (je nachdem, wie lang der ist). Sie werden dadurch bessere Ergebnisse erhalten, wenn Menschen, die Ihr Thema suchen und, mehr oder minder gekonnt, Suchbegriffe eintippen. Denn sie werden bei einer Suche mittels einer Suchmaschine so leichter zu Ihrem Blog geführt. Über Suchbegriffe habe ich Einiges im Kapitel 6 geschrieben.

Hinterlassen Sie Kommentare auf anderen Blogs. Sie fallen damit auf. Und wenn Sie interessante Informationen liefern, wird man wissen wollen, wer Sie sind. Das funktioniert besonders gut, wenn Sie Blogs in Ihrer Nische finden, die die gleiche Zielgruppe wie Sie ansteuern.

Überarbeiten Sie Ihre Blog-Beiträge und machen Sie daraus ausführliche Artikel. Nehmen Sie dafür einige Ihrer besten Beiträge und aktualisieren Sie den Text etwas und reichen ihn dann bei Artikel-Verzeichnissen ein. Vergewissern Sie sich, dass in Ihrer Biographie-Box ein Link zurück auf Ihren Blog angegeben ist.

Je mehr Möglichkeiten Sie online finden, Ihren Blog zu fördern, desto mehr Besucher und Abonnenten erhalten Sie. Das heißt, je mehr Leute Sie mit Ihrer Botschaft erreichen, und das ist der erste Schritt im strategischen Zielsystem für Ihren Blog, desto mehr Erfolg werden Sie haben.

Zusammenfassung: Werbung im Internet
Am Anfang gibt es sehr viele Aktivitäten, für den Blog zu werben. Versuchen Sie nicht, alle Möglichkeiten gleichzeitig einzusetzen. Nehmen Sie sich jeden Monat eine Aktivität vor und bemühen Sie sich, sie in Ihre bisherigen Blog-Aktivitäten zu integrieren. So werden Sie immer sicherer und fühlen sich nicht überwältigt.

- Nehmen Sie an sozialen Medien wie Facebook und Twitter teil. Wenn Sie Geschäftsleute ansprechen wollen, dann ist auch Xing für Sie wichtig.

- Fügen Sie jedem Beitrag eine Fußzeile bei, die Ihre Leser einlädt, Ihre Blog-Beiträge zu abonnieren.

- Suchen Sie Gast-Blogger, die in Ihrem Blog Beiträge veröffentlichen und ihre Blog-Leser auf Ihren Blog hinweisen.

- „Blogs Ihrer Nische": Schreiben Sie Blog-Beiträge für andere Blogs Ihrer Nische.

- Wenn Sie eine Website haben, binden Sie auf jeder Seite Ihrer Website einen Link zu Ihrem Blog ein.

- Fügen Sie Ihre Blog-Adresse Ihrer E-Mail-Signatur bei. Laden Sie in der Signatur kurz ein, Ihren Blog zu besuchen.

- Verwenden Sie eine gute Suchmaschinen-Optimierungs-Strategie (SEO). Verwenden Sie Ihre Schlüsselwörter im Titel, im ersten Absatz und im letzten Absatz Ihrer Beiträge, um die Relevanz Ihrer Blog-Beiträge eindeutig zu machen.

- Überarbeiten Sie Ihre Blog-Beiträge und machen Sie daraus ausführliche Artikel, und publizieren Sie die auf Internetportalen.

- Treten Sie Foren bei, die sich mit Ihrem Thema oder ähnlichen Themen befassen. Kommentieren Sie. Bringen Sie gute Tipps, werden die Leser Sie besser kennenlernen wollen und Ihren Blog aufsuchen.

- Listen erstellen: Eine Liste von E-Mail-Adressen der Personen, die Ihre Blog-Beiträge abonnieren, ist für Sie ganz wichtig und auch ein Grund, warum Sie Ihren Blog führen. Der einfachste Weg, Abonnenten für Ihren Blog zu finden: Ich habe einige grundlegende Möglichkeiten, für Ihren Blog innerhalb und außerhalb des Internets zu werben, erwähnt. Wohl der beste Weg, Leser und Abonnenten anzuziehen, ist, Ihren Blog mit hochwertigen, nützlichen Inhalten anzureichern. Daneben gibt es einige zusätzliche Strategien, die Sie verfolgen können, sobald Sie sich mit Ihrem neuen Blog vertraut fühlen.

- Setzen Sie einen RSS-Feed in Ihren Blog. Ein RSS-Feed ermöglicht es Lesern, Abonnent zu werden. Sie melden sich einfach über eine kostenlose Dienstleistung wie Feedburner von Google an (www. feedburner.com) und dann werden die neuesten Updates für Ihren Blog den Interessierten automatisch per Mail zugeschickt.

Werbung außerhalb des Internets

Werben Sie für Ihren Blog auch außerhalb des Internets. Wir treffen überall uns noch nicht bekannte Menschen. Ihr Blog bietet sich dazu an, diesen Personen einen Link zu Ihrem Blog zu geben, sodass sie mehr über Sie erfahren können. Dies hat den Vorteil, dass die beim nächsten Zusammentreffen, real oder virtuell, Sie schon besser kennen und so mehr Vertrauen zu Ihnen haben. Wenn Sie für Ihren Blog bzw. Ihre Website außerhalb des Internets werben, können Sie in der „realen" Welt eine Schar von neuen Lesern, Abonnenten und letztendlich Kunden gewinnen. Nachfolgend sind einige Möglichkeiten ausgeführt, wie

Sie außerhalb des Internets Aufmerksamkeit auf Ihre Internet-Aktivitäten ziehen können:

Geschäftskarten

Setzen Sie auf Ihre Visitenkarten einen Hinweis auf Ihren Blog. Fordern Sie mit einem Kurztext den Leser auf, Ihren Blog zu besuchen. Verteilen Sie Ihre Karten großzügig. Immer wenn Sie Menschen treffen, und bei passender Gelegenheit, erwähnen Sie Ihren informativen Blog, und geben Sie dann dessen Adresse mit Ihrer Visitenkarte weiter. Bringen Sie eine Karte auf Schwarzen Brettern an, in Kaffees, Bibliotheken und Waschsalons, beziehungsweise an den Plätzen, die für Ihr Thema geeignet sind. Fragen Sie Inhaber ergänzender Unternehmen, ob Sie einige Visitenkarten in die Nähe der Kasse legen dürfen.

Vernetzungsgruppen

Benutzen Sie diverse Geschäftsgruppen, z. B. Treffen, die von Handelskammern organisiert werden, Toastmaster-Gruppen oder andere lokale Vernetzungsgruppen, Ihren Blog zu fördern. Wenn Sie keine geeigneten Gruppen in Ihrer Nähe finden oder Ihnen die Eintrittsgebühr zu hoch ist, gründen Sie selbst Ihre eigene Gruppe.

Fachbezogene Treffen

Organisieren Sie ein persönliches Beisammensein für Ihre Branche oder Nische. Laden Sie auch Ihre Blog-Leser, die in der Nähe wohnen, dazu ein. Erzählen Sie Ihren Freunden und Mitarbeitern davon und bitten Sie sie, Ihren Blog zu empfehlen. Wenn Ihr Blog zum Beispiel über gesunde Tierernährung informiert, können Sie ein lokales Seminar für Tierbesitzer organisieren und dabei einladen, Ihren Blog zu besuchen und ihn zu abonnieren. Denken Sie daran, je mehr abonnierte Leser Sie haben, desto größer wird voraussichtlich Ihr Erfolg sein. Diese Leser zeigen deutlich ihr Interesse für Ihre Arbeit und können dann irgendwann Kunden werden.

Drucken Sie Handzettel

Erstellen Sie eine kostengünstige Druckversion eines besonders interessanten Blog-Beitrags und verteilen Sie die Handzettel bei Geschäftstreffen oder bei ähnlichen Anlässen. Achten Sie darauf, dass Ihre Blog-Adresse am unteren Rand gedruckt ist und laden Sie ein, Ihren Blog für weitere interessante Informationen zu besuchen. Sie sollten diesen ausgewählten Beitrag auch per E-Mail an Ihren Kundenstamm bzw. an die Ihnen mit ihrer E-Mail-Adresse bekannten Interessenten schicken.

Aufkleber

Drucken Sie einige bunte Aufkleber mit Ihrer Blog-Adresse mit der Einladung, den Blog zu besuchen. Kleben Sie den Aufkleber an ausgehende Briefe.

Artikel für Zeitungen und Zeitschriften

Schreiben Sie einen Artikel für Ihre lokale Zeitung oder eine Fachzeitschrift Ihres Themenbereichs. Anstatt dafür bezahlt zu werden, können Sie bitten, eine kurze Biographie und Ihre Blog-Adresse dem Artikel beizugeben. Was bei vielen Fachzeitschriften sowieso Usus ist. Beschränken Sie das nicht nur auf eine einzige Zeitung. Sie können Variationen Ihrer Artikel an verschiedene Fachzeitschriften verteilen, was zu einer großen Besucherzahl auf Ihrem Blog führt. Es ist wichtig, so oft wie möglich zu werben, und das natürlich der Situation angemessen. Wenn Sie Freude haben, selbstbewusst sind und überzeugt von dem, was Sie tun, finden Sie oft die Gelegenheit, das Thema „Meine Blogs" bei Gesprächen einfließen zu lassen.

Neue Abonnenten für Ihren Blog zu finden, erfordert viel Arbeit, aber es lohnt sich, denn dadurch erhält Ihr Blog eine weitaus größere Bekanntheit. Der Umsatz Ihres Geschäft wird steigen, wenn aus den Lesern des Blogs Kunden werden. Anfangs werden Sie sich mit all diesen Aufgaben möglicherweise überfordert fühlen. Deshalb ist es wichtig, nicht alles, was ich vorschlage, auf einmal machen zu wollen. Gehen Sie Schritt für Schritt voran. Listen Sie die Aufgaben auf, setzen Sie Prioritäten, und nehmen Sie sich vor, jede Woche eine dieser Aufgaben zu erledigen. In zwei bis drei Monaten haben Sie eine Menge geschafft. Vergessen Sie nicht, dass der Blog zu Ihrem aktiven Marketing gehört. Marketing müsste jeden Tag mindestens dreiviertel Ihrer Zeit in Anspruch nehmen. In Großunternehmen gibt es Abteilungen mit vielen Mitarbeitern, die sich nur um diese Aufgabe kümmern.

Zusammenfassung: Werbung außerhalb des Internets

- Geschäftskarten:
  Setzen Sie den Link zu Ihrem Blog auf Ihre Visitenkarten.

- Vernetzungsgruppen:
  Benutzen Sie die diversen Geschäftsgruppen.

- Fachbezogene Treffen:
  Organisieren Sie ein persönliches Beisammensein für Ihre Branche oder Nische und verteilen Sie Ihre Blog-Adresse.

- Drucken Sie Handzettel und weisen Sie auf Ihren Blog hin.

- Aufkleber mit Ihrer Geschäftsinformation – auch mit Blog-Adresse.

- Schreiben Sie Artikel für Zeitungen und Zeitschriften und teilen Sie im Text oder besser noch an dessen Ende Ihre Blog-Adresse mit.

Aktionsplan – Kapitel 9
Werbung im Internet

Entscheiden Sie, welche Aktivitäten Sie in den nächsten vier Wochen im Internet durchführen und in Ihr Blog-Marketing integrieren wollen. Wählen Sie zunächst höchstens drei Aktivitäten:

1..
....
....
....

2..
....
....

3..
....
....
....

Sobald Sie diese Aktionen durchgeführt haben, sich wohl dabei fühlen und die gewählten Aktivitäten beherrschen, fahren Sie mit der nächsten Aktivität fort. Nicht alle Aktivitäten werden Ihrem Naturell entsprechen. Achten Sie darauf und lassen Sie die nicht zu Ihnen passenden einfach weg. Es ist besser, Weniges gut zu beherrschen und Freude dabei zu haben, als sich zu überfordern und aufzugeben.

Werbung außerhalb des Internets

Wählen Sie auch hier drei Aktivitäten, die Sie in den nächsten vier Wochen durchführen wollen.

1..
....
....

2..
....
....

3..
....
....

Fangen Sie mit den Aktivitäten an, die Ihnen erfolgsversprechend erscheinen. Mit kleinen Aktionen, wie z. B. Ihre Blog-Adresse zu verteilen, sollten Sie sobald wie möglich anfangen.

Kapitel 10
Facebook effektiv einsetzen

Facebook eignet sich hervorragend, für Ihre Firma zu werben, Ihr Angebot einer größeren Gruppe von Menschen vorzustellen und sich im Internet sichtbar zu machen. Ich kenne viele Personen in meinem Bekanntenkreis, die bei Facebook angemeldet sind, aber nicht wirklich wissen, wie sie dieses Medium nutzen können oder wollen. Seiten in Facebook anzusehen ist ganz lustig, hier Fotos, dort Berichte, Vieles sehr diffus und wenig fokussiert. Mir kommt diese Ansammlung von Seiten vor wie ein Zeitungskiosk, viele Zeitungen und Zeitschriften, mit Themen, die durchaus interessant sind, mal Politik, mal Kunst, mal Sport. Aber diese Informationen können von dem eigentlichen Ziel ablenken.

Sie müssen sich bewusst dafür entscheiden, Facebook als Geschäftsinstrument einzusetzen und nicht als Medium für persönliche Kontakte, für die Familie oder für Freunde, zu nutzen. Ich ziehe es vor, diese Kontakte per Telefon und E-Mail zu pflegen. Wenn es Ihnen wichtig ist, Facebook für die Familie und für Freunde zu nutzen, können Sie über Ihr Facebook-Konto diese Information nur für diesen sozialen Bereich zugänglich machen. Dann haben Ihre geschäftlichen Facebookpartner keinen Zugang zu diesen Informationen.

Wichtig bei Facebook ist, fokussiert zu bleiben. Facebook bietet ein breites Spektrum von Möglichkeiten. Das ist seine Stärke. Diese Vielfalt überfordert jedoch auch. Deshalb sind eine Geschäftsstrategie und klar formulierte Ziele so hilfreich, fokussiert zu bleiben.

Facebook ermöglicht, auf einfache Weise mit anderen in Kontakt zu treten. Das erleichtert Menschen zu finden, die ähnliche Interessen haben, wie man selbst, und herauszufinden, ob diese Personen sich für das Arbeitsgebiet interessieren, das einen selbst zutiefst beschäftigt. Wenn Sie der Meinung sind, dass dies der Fall ist, können Sie diese Personen einladen, in Ihren Freundenskreis einzutreten. Da diese „Freunde" ähnliche Interessen haben wie Sie, ist die Möglichkeit groß, dass deren „Freunde" sich ebenfalls für Ihre Sache interessieren. Nach einiger Zeit schreiben Sie diese Personen direkt an und laden sie auch ein, Ihre „Freunde" zu werden. Mit dieser Methode macht Facebook es möglich, schnell und bequem Menschen in Ihren Geschäftskreis zu ziehen, die ähnliche Interessen haben. Gerade bei Facebook sind die Menschen offen und suchen wie Sie sinnvolle Kontakte.

Ihre Aufgabe wird es sein, diese Freundschaften zu pflegen, indem Sie interessante Tipps, Beiträge und allgemein nützliche Informationen liefern. Sie müssen immer wieder in Kontakt treten, Kommentare abgeben zu den Informationen der „Freunde", sich als eine hilfreiche, unterstützende und interessierte Person erweisen.

Das wichtigste Ziel bei der Facebook-Freundschaft ist jedoch, die „Freunde" immer wieder zu Ihrem Blog einzuladen und sie zu animieren, sich für ein Blog-Abonnement anzumelden. So stellen Sie eine Liste mit Adressen von Menschen auf, die an Ihrem Angebot interessiert sind. Dann haben Sie die Möglichkeit, sie irgendwann als Kunden zu gewinnen. Facebook ist zunächst der Ort, wo Sie neue Menschen kennenlernen, Ihr Blog ist der Ort, wo Sie deren Vertrauen pflegen können, um schließlich Ihre „Freunde" als Ihre Kunden zu gewinnen.

Wichtig bei Facebook ist, dort täglich aktiv zu sein, täglich neue „Freunde" zu gewinnen, täglich Kommentare abzugeben und täglich nützliche Informationen zu liefern. Dabei müssen Sie immer wieder an Ihre potenziellen Kunden denken, die von Ihrem Angebot Nutzen haben, die Ihre Produkte und Dienstleistungen schätzen lernen. Immer, wenn Sie eine neue Fortsetzung Ihres Blogs geschrieben haben, sollten Sie Ihre Facebook-Freunde darüber informieren und sie einladen, die Fortsetzung zu lesen, besonders elegant, wenn Sie einen Link zum Blog beilegen.

Bei Facebook sollten Sie darauf achten, dass Sie nicht Inhaltsleeres verbreiten und nicht zu offensichtlich verkaufen wollen. Wichtig ist, bereichernde Informationen zu liefern, Kommentare zu geben, Tipps zu verbreiten, mit Hinweisen auf Ihre Blogs, mit Einladungen den Blog anzuklicken, denn Sie verschenken nützliche Informationen.

Facebook ist ständig bemüht, seine Mitglieder immer wieder auf seine Seiten zu bringen. Wenn Sie z. B. eine Diskussion in Gang bringen, wird Facebook alle, die an dieser Diskussion teilnehmen, über neue Beiträge zur Diskussion per E-Mail informieren. Angewendet auf mein Beispiel „Unternehmerin für Bio-Tierfutter" könnte so eine Diskussion mit der Frage gestartet werden, ob die Leser mit vollwertiger Ernährung für ihre Tiere Erfahrung haben. Wenn z. B. 20 Personen Kommentare schreiben, werden alle 20 Personen über die Kommentare der anderen informiert. Deshalb ist es taktisch klug, immer wieder solche Diskussionen bewusst in Gang zu setzen. So bleiben Sie im Gespräch. Durch die Kommentare sammeln Sie Informationen, die für die Verbraucher wichtig sind. Wenn Sie Produkte oder Dienstleistungen anbieten, werden Sie so über die aktuellen Wünsche Ihrer potenziellen Kunden auf dem Laufenden gehalten.

Facebook nutzt die Neugier der Menschen und holt sie immer wieder auf seine Seiten zurück. Sie profitieren davon, dass Facebook die Seiten interessant und lebendig hält und kostenlos für sie wirbt. Wenn jemand auf Ihre Pinwand schreibt, werden Sie per E-Mail informiert, wenn Sie das wollen. Natürlich ist es wichtig, Kommentare zu den Beiträgen von „Freunden" abzugeben und grundsätzlich Interesse für deren Arbeit zu zeigen. Das pflegt und vertieft die Kontakte.

Sie dürfen bis zu 5000 Facebook-Freunde haben. Versuchen Sie täglich, neue „Freunde" dazu zu gewinnen. Benutzen Sie Ihre Schlüsselwörter, um Personen zu gewinnen, die an Ihrem Angebot interessiert sind. Im Falle des Beispiels „Unternehmerin für Bio-Tierfutter" sind „Tier", „Hund", „Katze", „Pferd", „Bio-Futter" und „Bio-Tierfutter" gute Suchbegriffe, geeignete Facebook-Freunde zu finden, die sich für das Thema Tier interessieren. Es gibt erstaunlich viele Facebook-Mitglieder, die bei Facebook Fotos von ihren Tieren zeigen und für Tiere Interesse haben. Bei einem Therapeuten könnten „Psychologie", „Märchen und Psychologie", „Persönlichkeitsentwicklung" Wörter sein, die Sie schnell zu Personen führt, die für Ihr Thema Interesse haben.

Erstellen Sie ein informatives Profil auf Facebook. Bedenken Sie, nur das preiszugeben, was Sie jedem Geschäftsfreund erzählen würden. Dieser Facebook-Auftritt soll Ihrem Geschäft nützen und sollte zum Ziel haben, Ihr Unternehmen bekannt zu machen. Ergänzende persönliche Informationen dienen dazu, Sie im nötigen Umfang als Mensch darzustellen.

Übrigens sollten Sie nicht unbedingt Ihr Geburtsdatum angeben. Geben Sie nur Tag und Monat an, damit Ihre persönlichen Daten privat bleiben. Bleiben Sie bei aller Freundlichkeit zurückhaltend. Es ist wirklich sinnvoll, nur die Informationen preiszugeben, die für Ihre Unternehmensziele wichtig sind.

Pflegen Sie mindestens 15 Minuten täglich Ihre Facebook-Seiten. Bevor Sie anfangen, erstellen Sie eine Liste von Neuigkeiten, die Sie mitteilen wollen, suchen Sie Videos bei Youtube aus, die für Ihre Facebook-Freunde interessant sein könnten, informieren Sie über Ausstellungen und Messen, die für Ihre Branche relevant sind.

Wenn Sie sich über Ihre Geschäftsstrategie, Ihre Ziele, im Klaren sind, Sie überzeugt sind, dass Ihr Angebot Ihren Kunden wichtig ist, und Sie auch das schätzen, was Ihre Facebook-Freunde tun, und Sie sich dafür interessieren, wird Ihr Facebook-Auftritt erfolgreich sein. Ich bin von diesem Medium begeistert. Noch nie gab es solche Möglichkeiten, so freundlich Menschen näher zu treten. Indem Sie sich bei Facebook angemeldet haben, geben Sie denen die Erlaubnis, mit Ihnen in Kontakt zu treten. Ganz wichtig ist, diese neuen Kontakte mit Respekt zu behandeln und mit der Absicht, sie durch Ihre Freundschaft zu bereichern. Wichtig ist weiterhin, Ihre Facebook-Freunde dazu einzuladen, Ihren Blog zu besuchen. Sie dürfen sich jedoch nicht mit Ihren Angeboten aufdrängen. Sie pflegen zunächst einmal die Bekanntschaften, die Sie mit Ihrem Angebot sehr wohl bereichern können. Facebook dient vorrangig dazu, Vertrauen aufzubauen, sodass, wenn bei Ihren Facebook-Freunden Bedarf für Ihr Angebot besteht, die wissen, dass Sie die richtige Person dafür sind, diesen Bedarf zu decken.

Zusammenfassung – Kapitel 10

Facebook ist eine sehr effektive und kostengünstige Möglichkeit,

- Ihre Firma zu präsentieren und bekannt zu machen (Sie haben die Möglichkeit, bis zu 5000 Personen einzuladen, Ihrem Freundeskreis beizutreten),

- gezielt mit Menschen in Kontakt zu treten, die für Ihr Angebot Interesse haben (Hilfsmittel dazu sind Ihre Suchbegriffe),

- durch Ihre Facebook-Präsenz anderen die Möglichkeit zu geben Sie kennenzulernen und Vertrauen zu entwickeln,

- Interessenten für Ihren Blog zu gewinnen, wo sie die Möglichkeit haben, Ihre Produkte, Ihre Dienstleistungen und Ihr Angebot kennenzulernen.

Aktionsplan – Kapitel 10

Ein Facebook-Konto bei http://de-de.facebook.com/ eröffnen.

Termin: ....

Ihre Strategie und Ihre Ziele für Facebook niederschreiben:
....
....
....

Ein Profil Ihrer potenziellen Kunden erstellen:

....

....

....

Suchbegriffe in den Keyword-Research von Facebook eintippen, um Kontakte zu finden, die für Ihr Geschäftsthema Interesse zeigen:

....

....

....

....

Um Freundschaften bitten: (Mindestens 10 Personen pro Tag. Achten Sie streng auf Facebook-Bestimmungen. Zur Zeit der Buchpublikation sind nicht mehr als 20 neue Freundschaftsabschlüsse pro Tag erlaubt. Die Bedingungen werden oft geändert.)

....

....

....

Täglich Ihre Facebook-Seiten pflegen: (Mindestens 15 Minuten sollten Sie pro Tag in Ihr Facebook-Konto investieren.) Erstellen Sie eine Liste über die Informationsarten, die Sie liefern möchten.

- Informieren, wenn Sie neue Blog-Beiträge publizieren und ein Link dazu angeben.

- Ressourcen und Tipps zu Ihrem Thema geben.

- Allgemeine Kommentare zu Beiträgen von anderen Teilnehmern schreiben.

Je kreativer und aktiver Sie sind, desto mehr Ideen fallen Ihnen ein. Denken Sie daran, Ihr Grundthema für den Monat festzulegen, und dieses an Ihren Blog und an Ihre Twitter-Seite anzupassen.

Die Fan-Seite von Facebook

Eine Fan-Seite bei Facebook ist für Geschäftsleute eine großartige Sache. Sobald Sie Ihr Facebook-Profil haben und einige „Freunde", sollten Sie sofort für sich eine Fan-Seite aufbauen. Inzwischen geben viele Geschäftsleute ihre Standard-Facebook-Seiten zugunsten Ihrer Fan-Seite auf. Um eine Fan-Seite bei Facebook beantragen zu können, müssen Sie zunächst einen Standard-Account haben.

Was ist eine Fan-Seite bei Facebook? Richtig verstanden, ist Ihre Fan-Seite Ihre Geschäftsseite. Hier sind Sie Mittelpunkt, hier haben Sie die Erlaubnis, Ihr Thema zum Mittelpunkt zu machen. Auf ihr melden sich Personen an, die sich für Ihr Thema interessieren und immer wieder informiert werden möchten, wenn Sie Neues zu berichten haben.

Es ist eine Seite, die besucht wird, um zu erfahren, was Sie tun. Ein Besucher der Seite hat die Möglichkeit, einen „I like"-Knopf zu drücken. Er bekommt dann Updates über Ihr Geschäft, Ihre Produkte und Ihre sonstigen Informationen, die für den Besucher interessant sind. Es sammelt sich mit der Zeit eine größere Gruppe von Menschen an, die an Ihrer Arbeit ein echtes Interesse haben. Ihre Aufgabe ist dann, Ihre Facebook-Seite informativ zu gestalten. Wichtig für Sie ist natürlich, Ihre

Facebook-Fans auf Ihren Blog zu ziehen. Sie sind bei Facebook Gast, Ihr Zuhause ist Ihr Blog. Deshalb ist es wichtig, dass die Fans sich für ein Abonnement der Fortschreibungen Ihres Blogs anmelden und Sie und Ihre Firma über den Blog besser kennenlernen. Vom Blog aus können Sie immer wieder für Ihre Produkte werben: Übrigens auch auf Ihrer Fan-Seite. Ihre Interessenten können sogar direkt von Ihrer Fan-Seite aus eine Bestellung aufgeben. Besser ist jedoch immer, wenn möglich, Ihre Facebook-Fans zu Ihrem Blog hinzuziehen, da Facebook immer wieder seine Bestimmungen ändert, und Sie dadurch eventuell benachteiligt werden.

Wenn Sie eine Fan-Seite erstellen, ist es wichtig, genauso wie bei Ihrem Blog zu wissen, was Sie damit erreichen wollen. Im Fall des Unternehmens für Bio-Tierfutter wird die Aufgabe sein, über die Fan-Seite mit Tierbesitzern Kontakte zu pflegen, ihnen interessante und hilfreiche Informationen zu liefern, Erfahrungen auszutauschen. Das Zwischenziel muss sein, diese Interessenten auf Ihren Blog zu ziehen, wo Sie Ihre Produkte aktiv vorstellen können. Endziel ist natürlich, die strategischen Ziele für Ihr Unternehmen zu erreichen.

Das Design der Fan-Seite ist wichtig für deren Erfolg. Das Schöne bei den Fan-Seiten ist, dass Sie sie gestalten können, wenigstens überwiegend. Es ist sinnvoll, die Fan-Seiten ähnlich zu gestalten wie den Blog, sodass eine Art Corporate Identity entsteht.

Damit Sie nicht unter Zeitdruck überlegen müssen, was Sie schreiben, ist es wie bei Ihrem Blog hilfreich, eine Übersicht der von Ihnen geplanten Themen für einen Monat im voraus aufzulisten. Sie können den Inhalt an den Ihres Blogs anpassen, sodass der Blog-Inhalt und die

Information auf der Fan-Seite übereinstimmen. Wenn Sie den Monatsplan für den Blog aufstellen, führen Sie gleichzeitig den Plan für die Termine und die Inhalte für Ihre Facebook-Seiten. Sie müssen dann nicht ständig überlegen, was Sie für zwei Web-Seiten schreiben werden, sondern nur die Themen des Monats in verschiedener Form gestalten, für den Blog längere, für Facebook kurze Abschnitte. Videos, die zuerst im Blog erscheinen und später bei Facebook, usw. Mit einer solchen vorausschauenden Planung werden Sie auch kreativer. Außerdem fallen Ihnen überraschend neue Ideen ein, wenn Sie erst einmal wissen, über was Sie im kommenden Monat schreiben wollen.

Wie bei Ihrem Blog müssen Sie jetzt auch Fans bzw. Besucher für Ihre Fan-Seite gewinnen. Benutzen Sie die Werbemöglichkeiten, die Facebook bietet. Die Werbekosten dafür, Besucher auf Ihre Facebook-Seiten zu ziehen, sind gar nicht hoch. Um eine Anzeige aufzugeben, drücken Sie ganz unten auf der Seite auf den Knopf „Werbung". Hier können Sie dann bestimmen, wie viel Geld Sie für die Anzeige ausgeben wollen. Die Unternehmerin für Bio-Tierfutter kann gezielt ihre Anzeige auf die Seiten von Facebook-Freunden setzen, die Tierbesitzer sind. Dann werden ihre Anzeigen nur bei denen erscheinen.

Werben Sie auch auf Twitter für Ihre Facebook-Seiten. Natürlich können Sie immer wieder Ihre Twitter-Leser informieren, dass es in Ihrem Facebook-Bereich neue und interessante Informationen gibt. Es ist gut, viele Fans auf Ihre Seiten zu ziehen. Wenn eine hohe Zahl von Fans in den dafür vorgesehenen Feldern angezeigt wird, steigert das Ihre Autorität. Die Fans kommunizieren auch untereinander und empfehlen Sie weiter. So werden Sie immer bekannter.

Denken Sie auch daran, Ihren Fan-Seiten-Link auf Ihren Visitenkarten anzugeben. Auch kleine Anzeigen in Fachzeitschriften sind nicht unbedingt teuer und können zu einer erhöhten Besucherzahl führen.

Sie können auch eine Notiz auf Ihre Standard-Profil-Seite setzen und mit ihr Ihre Facebook-Freunde einladen, Fan Ihrer Fan-Seite zu werden. Später, wenn Sie mehr Erfahrung haben, gibt es verschiedene Möglichkeiten, und es kommen immer mehr dazu, Fans für Ihre Seiten zu gewinnen. Zunächst sollten Sie jedoch die einfachsten Möglichkeiten beherrschen. Denken Sie daran, dass Sie Ihre Fans als Kunden gewinnen wollen. Bieten Sie immer etwas Besonderes an, um Ihr Angebot für die Fans interessant zu machen.

Wenn es Ihnen gelingt, Ihre Fan-Seite wie auch Ihren Blog aktiv und attraktiv zu gestalten und mit guten Inhalten zu füllen, haben Sie ein hervorragendes Marketing-Instrument, das außer Zeit wenig kostet. Sie können Ihre Firma optimal darstellen und Sie können so werben wie die großen Firmen, die Hunderttausende in ihre Werbung investieren.

Zusammenfassung – Die Fan-Seite von Facebook

• Ein Facebook Fan-Seite gibt Ihnen die Möglichkeit, kostenlos Ihre Firma optimal darzustellen.

• Mit Ihrer Facebook Fan-Seite stellen Sie die Themen Ihres Unternehmens in den Mittelpunkt und ziehen Menschen an, die sich dafür interessieren und mehr wissen wollen.

• Sie können über Ihre Facebook Fan-Seite Produkte direkt anbieten und/oder auf Ihren Blog einen führenden Link setzen.

Aktionsplan – Die Fan-Seite von Facebook

Die Fan-Seite von Facebook

1. Erstellen Sie Ihre Facebook Fan-Seite bis zum (Datum):

    ....

2. Entscheiden Sie sich für das graphische Layout bis zum (Datum):

    ....

3. Planen Sie die Informationen, die Sie mitteilen wollen, und bring-
    en Sie das Ergebnis Ihrer Planung in Verbindung mit Ihren
    Blog- und Ihren Twitter-Informationen:

    ....

    ....

    ....

    ....

    ....

4. Formulieren Sie Ihre Geschäftsstrategie und Ihre Ziele für Ihre
    Facebook-Fan-Seite auf dem Weg zum Erfolg:

    ....

    ....

    ....

    ....

    ....

Es braucht etwas technisches Können, eine Fan-Seite aufzustellen. Hier
könnte es sinnvoll sein, die Unterstützung eines Webmasters in Anspruch zu nehmen.

Kapitel 11
Twitter

Was unterscheidet Twitter von Facebook? Twitter ist eine Mini-Blog-ging-Plattform, die es erlaubt, Texte mit bis zu 145 Zeichen zu senden. Sie können über Twitter persönliche Notizen schicken, die nur von den Adressaten gelesen werden. Benutzt wird Twitter aber vorrangig für öffentliche Notizen. Was Sie in der öffentlichen Version schreiben, kann von vielen Menschen gelesen werden. Alles, was Sie über Ihre Firma schreiben, wird meistens Viele ansprechen, die sich für Ihr Angebot interessieren.

Twitter als öffentliche Plattform macht dieses Medium für Personen, die mit einem schmalen Marketing-Budget arbeiten müssen, als Marketing-Instrument interessant.

Es ist möglich, leicht und schnell mit anderen in Kontakt zu treten. Über Ihre für den Blog festgelegten Suchbegriffe können Sie bei Twitter Mitglieder suchen, die diese Begriffe in ihren Twitter-Notizen verwenden. Damit ziehen Sie Menschen an, die sich für Ihren Geschäftsbereich interessieren. Wie bei Ihrem Blog, wie bei Facebook, ist ein durchdachtes, gezieltes Vorgehen notwendig. Wenn Sie hierfür keine Strategie mit eindeutigen Zielen haben, verlieren Sie bei Twitter viel Zeit.
Bevor Sie anfangen, über Twitter zu schreiben, sollten Sie wissen, dass, obwohl Sie Twitter benutzen, um Ihr Unternehmen bekannt zu machen und auf Ihre Produkte hinzuweisen, Sie Twitter nicht nur als Werbeplattform benutzen dürfen. Es kommt oft vor, dass Twitter-Folger einen nur mit Werbung bombardieren. So ein Verhalten sollten Sie auf jeden

Fall vermeiden. Es wird als äußerst unhöflich empfunden. Solche Folger streiche ich sofort von meiner Folger-Liste.

(Anmerkung: Mit Folger („Follower") bezeichne ich Twitter-Teilnehmer, die die Beiträge eines Twitter-Autors abonniert haben.)

Im Grunde genommen ist es einfach, sich bei Twitter richtig zu verhalten. Sie benehmen sich, wie Sie es auch tun würden, wenn Sie bei Freunden eingeladen sind und mit anderen Gästen sich an der allgemeinen Konversation beteiligen. Sie zeigen Interesse an dem, was andere Gäste erzählen. Sicher werden Sie mitteilen, was Sie beruflich tun. Wenn ein Gast ein besonderes Interesse zeigt, geben Sie ihm Ihre Visitenkarte, und sagen ihm, Sie würden sich über einen Kontakt freuen. Sie würden den Gast nicht gleich am Anfang oder gar den ganzen Abend lang mit Informationen über Ihr Geschäft eindecken und mit Angeboten überfluten. Das kann Ihnen auf Twitter passieren. So geht es nicht, denn wenn wir auch alle wegen unserer Geschäfte oder unserer Dienstleistungen bei Twitter aktiv sind, verstehen wir, dass Beziehungen und Wertschätzung einer Geschäftsabwicklung vorausgehen. In den sozialen Netzwerken bauen wir Beziehungen auf, die letztendlich das Vertrauen fördern.

Was Sie bei Twitter machen können, ist, interessante und wirkungsvolle Tipps aus Ihrem Berufsbereich geben, Kommentare zu den Informationen Ihrer Kommunikationspartner abgeben, wenn es für Sie stimmig ist. Ab und zu können Sie Ihre Leser einladen, Ihren Blog zu lesen, oder auf ein Produkt hinweisen, das Sie anzubieten haben. Ein verträgliches Gleichgewicht zwischen Sozialem und Geschäftlichem liegt in etwa bei 1 zu 20. Mit jeder 20. Notiz können Sie offensichtlich Werbung betreiben.

Nutzen von Twitter

Lassen Sie uns jetzt den potenziellen Nutzen von Twitter für Ihr Unternehmen näher betrachten: Twitter ist ein hoch effektives Werkzeug, sich im Internet sichtbar und bekannt zu machen. Warum ist es sinnvoll und wirksam, bei Twitter aktiv zu sein? Twitter bietet Möglichkeiten, die wir bis vor kurzem nicht zur Verfügung hatten. Es gibt viele Gründe, warum Twitter für Ihr Unternehmen nützlich ist:

Bekanntheitsgrad

Sie können durch Ihre Präsenz bei Twitter Ihre Firma bekannt machen und für Ihr Unternehmen Kunden gewinnen. Twitter ist für diese Aufgabe besonders geeignet. Aktive Teilnahme heißt, mindestens 20 kurze Twitter-Beiträge täglich. Es gibt bei Twitter die Möglichkeit, die Zeiten zu bestimmen, wann die diversen Twitter-Notizen publiziert werden sollen. So können Sie früh morgens alle Notizen für den Tag eintippen, diese aber zu verschiedenen Tageszeiten publizieren lassen. Schritte, die ich hier anspreche, sind für den Anfänger ausreichend, Twitter strategisch zu verwenden, sich und seine Dienstleistung bekannt zu machen. Später, wenn Sie mit dem Medium vertrauter sind, können Sie sich in weitere Möglichkeiten vertiefen.

Mit Twitter eine Marke aufbauen

Wenn zum Beispiel das Unternehmen für Bio-Tiernahrung sich als im Markt bekannte Marke etablieren will, beginnen Sie bei Twitter, gute Tipps über gesunde Ernährung für Tiere oder allgemeiner über Tiere und deren Wohlbefinden zu schreiben. So üben Sie, sich als Autorität in diesem Bereich bekannt zu machen und immer mehr Twitter-Folger anzuziehen, die Ihre Informationen schätzen.

Ein Firmenlogo sichtbar machen

Für Anfänger ist es wichtig zu wissen, dass sie den Hintergrund ihrer Twitter-Seite an ihre individuellen Bedürfnisse anpassen können. Das heißt, Sie können Ihren Twitter-Notizen den selben wiedererkennbaren Firmen-Stempel geben, der Ihre Blogs und Ihre Facebook-Seiten kennzeichnet. Wer Ihre Visitenkarten in die Hand bekommt, wird das selbe Logo erkennen. Sie können auch ein Firmenportrait schreiben, sodass Leser, die Ihre Twitter-Informationen lesen, wissen, wer Sie sind und welche Dienstleistungen Sie anbieten.

Kontakt pflegen mit den Kunden

Wenn Sie feststellen, dass vertraute Kunden Mitglieder von Twitter sind, können Sie ganz bewusst auf deren Notizen zwischendurch eingehen, die Beziehung dadurch intensivieren und festigen.

Es ist eine sehr gute Möglichkeit, sich dadurch als eine hilfreiche Firma zu positionieren, dass Sie Tipps und Quellenhinweise liefern. Wenn ich die Unternehmerin für Bio-Tiernahrung als Beispiel nehme, könnte sie viele nützliche und hilfreiche Informationen für die Pflege von Tieren liefern. Also eine Menge wertvoller Informationen, die zeigen, wie hilfreich und wissend diese Firmeninhaberin ist.

Twitter ist hervorragend geeignet, wenn es darum geht, für Ihren Blog eine größere Leserschaft zu gewinnen. Das ist ganz wichtig, denn das Ziel ist letztendlich, die für Sie interessanten Twitter-Leser zu Ihrem Blog zu ziehen, wo sie Ihre Produkte oder Dienstleistungen besser kennenlernen können und so Kunde werden.

Twitter erlaubt, über Erneuerungen und Trends im eigenen Arbeitsfeld den Überblick zu halten. Wenn Sie bei Twitter die zugehörigen Suchbegriffe eintippen, werden alle Notizen angezeigt, die in irgendeiner Art mit den eingetippten Wörtern zu tun haben. So erkennen Sie, welches Thema gerade im Zusammenhang mit Ihrem Angebot wichtig ist, ob darüber viel geschrieben wird und wenn ja, wo der Schwerpunkt liegt. Das ermöglicht es Ihnen zu erkennen, was Ihre Leser interessiert.

Sie können von den meist sehr netten Mitgliedern von Twitter sehr viel Unterstützung bekommen. Wenn Sie in einer fremden Stadt unterwegs sind, können Sie fragen, ob jemand ein gutes Hotel oder Restaurant in der Stadt empfehlen kann, ob es besonders interessante Sehenswürdigkeiten gibt, ob gerade gute Konzerte, Filme oder Theaterstücke laufen. Man bekommt innerhalb weniger Minuten Antworten hilfreicher Menschen.

Twitter ist eine exzellente Möglichkeit, Kontakte zu knüpfen, zu pflegen und zu vertiefen. Gemeinsame Interessen führen über Twitter zusammen. Wenn man an Konferenzen teilnimmt und auf Fachausstellungen geht, trifft man Menschen, die man über Twitter-Kontakte bereits kennt. Da kostet es keine Überwindung, miteinander zu sprechen. Man kennt sich vom Informationsaustausch über Twitter und ist miteinander vertraut.

Twitter ermöglicht, eine Gemeinschaft aufzubauen. Z. B. könnte die Unternehmerin für Tiernahrung ihr Interesse am Schutz für Tiere mitteilen, eine Gruppe von Menschen um sich versammeln, die sich gleichfalls für dieses Thema engagieren oder engagieren wollen. So kann auf diesem Weg ein spezieller Tierschutzverein gegründet werden.

Twitter ist großartig, wenn Sie Rückmeldungen haben möchten.
Wenn Sie ein neues Produkt auf den Markt bringen wollen oder ein bestimmtes Seminar anbieten, können Sie über Twitter fragen, welches Interesse daran besteht. Wenn Sie auf große Resonanz stoßen, wissen Sie, dass das Thema grundsätzlich interessiert. Die Kommentare in den Antworten zeigen Ihnen, welche Verbesserungen angebracht sind.

Mit Twitter täglich arbeiten.
Es ist empfehlenswert, jeden Tag Twitter zu besuchen und ca. 15 Minuten täglich dafür aufzuwenden. Diese Zeit sollten Sie auf mehrere Sitzungen verteilen. Morgens treffen Sie vielleicht andere Menschen als am Nachmittag. Bei dieser Gelegenheit können Sie nach neuen Personen suchen, denen sie folgen könnten und die Möglichkeit eröffnen, dass sie Ihnen folgen. Benutzen Sie ganz bewusst Ihre Suchbegriffe, um gleichinteressierte Personen zu finden. Die Tierfutter-Beraterin wird immer wieder die Suchbegriffe der Rubrik Tiere benutzen, um weitere Tierliebhaber zu finden. Wenn Sie mehr und mehr auf Twitter aktiv sind, werden sich einige Personen bei Ihnen als neue Folger anmelden. Es ist nicht notwendig, allen zu antworten. Aber wenn diese Personen Ihnen einen guten Eindruck machen und nicht permanent für ihre eigene Sache werben, spricht nichts dagegen, den Kontakt auszubauen. Das macht einen guten Eindruck und erweckt nicht den Verdacht, dass Sie nur selektiv Personen folgen.

Zusammenfassung – Kapitel 11

Twitter ist ein hervorragendes Werkzeug, um

- eine Marke aufzubauen,

- ein Firmenlogo sichtbar zu machen,

- Kontakt mit bestehenden Kunden zu pflegen und neue Kontakte zu knüpfen,

- Ihre Firma als eine hilfreiche Firma zu positionieren,

- für Ihren Blog eine größere Leserschaft zu gewinnen,

- über Erneuerungen und Trends im eigenen Arbeitsfeld den Überblick zu behalten,

- Unterstützung durch Auskunft und Rückmeldungen von den meist sehr netten Mitgliedern von Twitter zu bekommen,

- eine Gemeinschaft aufzubauen.

Aktionsplan – Kapitel 11

Welche Themen sollen im kommenden Monat behandelt werden?

....

....

....

Welche Produkte bzw. Dienstleistung wollen Sie via Twitter anbieten?

....

....

....

Zu welchen Uhrzeiten wollen Sie täglich bei Twitter aktiv sein und wie lange?

....

....

....

Im Zusammenhang mit Ihrer Planung für Ihre Blog-Inhalte und Facebook-Aktivitäten ist es sinnvoll, gleich auch für Twitter-Beiträge zu planen. Somit haben Sie einen Gesamtplan mit klaren Zielen für den Monat. Wichtig in allen Bereichen ist es zu überlegen, was Sie in dem Monat erreichen möchten, zum Beispiel die Zahl der Folger zu steigern, neue Kundenkontakte zu erzielen, Umsätze zu steigern. Am Anfang, wenn die Bemühungen nicht die erwünschten Resultate bringen, wird ein Überdenken der Taktik mit entsprechenden Verbesserungen notwendig sein. Der Vorteil des Internets liegt darin, dass man schnell was ausprobieren und genau so schnell das wieder umstellen kann.

Kapitel 12
Probleme bewältigen

Lassen Sie sich durch Probleme, die beim Blogging auftauchen können, nicht entmutigen. Erliegen Sie nicht der Versuchung, das Handtuch zu werfen. Blogging hat wie viele andere Aktivitäten nicht nur positive Seiten. Manchmal ist die Straße, über die man fährt, uneben. Vor einigen der Probleme, die beim Blogging auftreten können, ist kein Blogger gefeit.

Ich habe keine Zeit zum Bloggen

Zeit-Verlust und Zeit-Einteilung ist eine ständige Herausforderung für stark beschäftigte Unternehmer. Wenn die Zeit knapp ist, kann der Geschäftsblog darunter leiden. Wenn Sie immer mal wieder unter diesem Zeitdruck stehen und wissen, wann das wahrscheinlich geschehen wird, stehen Ihnen bewährte Möglichkeiten zur Verfügung:

1. Mehrere Beiträge auf Vorrat schreiben. Reservieren Sie dafür einen Nachmittag und schreiben Sie mehrere Beiträge auf einmal, und planen Sie im voraus, wann Sie die veröffentlichen wollen.
2. Erneut einen alten Lieblingsbeitrag publizieren. Wer seit einem Jahr oder schon länger schreibt, kann ohne Bedenken gute ältere Beiträge erneut publizieren. Ihre neu hinzu gewonnenen Leser können sie kaum gelesen haben und Ihre seit langem treue Leser werden die Wiederholung wahrscheinlich nicht merken, weil sie die frühere Veröffentlichung längst vergessen haben.
3. Besten-Listen zusammenstellen. Solche Beiträge lassen sich

schnell und leicht niederschreiben. Beispiele:

1.   Die zehn wichtigsten Punkte, die Sie wissen müssen, um auf Ihrem Gebiet Erfolg zu haben.

2.   Die zehn hilfreichsten Bücher in Ihrem Gebiet.

3.   Die fünf besten Quellen für...

4.   Die sechs wichtigsten Webseiten für...

Ich weiß nicht, was ich schreiben soll

Vielen Bloggern geht es so wie dem einen oder anderen Profi-Schriftsteller. Sie erleben Schreib-Blockaden. Die vielen Ideen, die ich im Kapitel 8 aufgeführt habe, sollen Ihnen helfen, solche Blockaden zu überwinden. Sie können beispielsweise ein altes Thema aufgreifen und es auf eine frische Art und Weise neu gestalten. Sie können sich Inspirationen aus Fachbereichen holen, die nicht die Ihren sind, und über diese Bereiche einen Überblick für Ihre Leser schreiben und darin erwähnen, warum Sie diesen Bereich interessant finden. Sie können ein Video aufnehmen. Videos können als Blog-Beiträge dienen! Nehmen Sie ein kurzes (1–3 Minuten langes) Video auf, in dem Sie über ein bestimmtes Thema sprechen und integrieren Sie es in Ihren Blog.

Keiner schreibt Kommentare zu Ihrem Blog

Die Anzahl der Kommentare auf Ihrem Blog reflektiert nicht, wie viele Menschen Ihren Blog lesen. In der Tat nehmen sich nur wenige Leser die Zeit zu kommentieren. Wenn Sie zu wenig Rückmeldungen bekommen, gibt es ein paar Dinge, die Sie tun können: Fordern Sie Ihre Leser auf, Kommentare abzugeben. Stellen Sie eine Frage. Führen Sie einen Wettbewerb durch, bei dem die Mitspieler Kommentare und Beiträge eingeben müssen, um zu gewinnen. So ein Wettbewerb kann spielerisch und leicht sein. Sie können ein Buch oder eine Zusammenfassung Ihrer besonders gelungenen Artikel zu einem Thema im PDF-Format als Preis anbieten, um den Wettbewerb attraktiver zu machen. Übrigens können Sie einen PDF-Text leicht bei einem Wordpress-Blog aufladen, so leicht wie Bilder. Sie bekommen dafür einen zugeordneten Link, den Sie an die Leser weiterleiten können, damit die zu dem PDF-Text einen Zugang haben. Oder Sie schreiben bewusst etwas, was viele irritieren wird, und erbitten dazu die Meinung Ihrer Leser. Vor allem sollen Sie nicht davon ausgehen, dass niemand liest, was Sie schreiben,

Leser hinterlassen bösartige Kommentare

Miese, unzufriedene Menschen existieren leider und sie nutzen bei sich bietender Gelegenheit die Möglichkeit, unfreundliche, unsachliche Kommentare zu hinterlassen. Es scheint sie zu befriedigen, ihre Negativität anderen Menschen zu demonstrieren. Von dieser Erfahrung bleibt kein Blogger verschont. Glauben Sie nicht, dass Sie der Einzige sind, dem das passiert. Wenn Ihre Leser anderer Meinung sind und sachlich argumentieren, begrüßen Sie die Auseinandersetzung. Aber wenn sie bösartig und durchweg negativ sind, dann ignorieren Sie dieses traurige Verhalten. Löschen Sie die Kommentare. Beteiligen Sie sich nicht an einem Gespräch mit jemandem, dem es gar nicht um ein vernünftiges Gespräch geht.

Sie bekommen zu viel Spam in Ihren Kommentar-Bereich.

Spam kann von unterschiedlichster Art sein. Besonders häufig ist unerwünschte Werbung für irgendwelche uninteressanten Dienstleistungen und Produkte. Beim Wordpress Blog gibt es einige Möglichkeiten, Spam zu blocken. Sie können auch ein Plugin (eine kleine Software) einsetzen, wie Akismet, das sehr gut ist, um Spam zu blocken.

Hacker dringen in die Blog-Administration ein und zerstören Ihren Blog. Es sind oft nur Schüler oder Studenten, die sich einen Spaß daraus machen, Blogs zu zerstören. Sie können leicht in die Administration eindringen, wenn Sie ein schwaches Passwort haben. In diesem Fall brauchen Sie die Unterstützung eines Webmasters. Um zu vermeiden, dass Sie Ihre ganze Blog-Information verlieren, gibt es auch hier eine Möglichkeit, mit Hilfe eines Plugin, (WP-DB-Backup), Ihre ganze Information automatisch bei jedem neuen Beitrag auf Ihren Blog unabhängig von Ihrem Server zu laden. Ihre Webseite wird wieder in Ordnung gebracht werden müssen, aber Sie haben zu Ihren vorher publizierten Informationen wieder Zugang.

Mir ist fast alles, was ich hier beschrieben habe, am Anfang meines Blog-Abenteuers passiert, und das wirkte sehr demotivierend auf mich. Ich freue mich, dass ich durchgehalten habe, weitergemacht habe, denn der eigene Blog gibt so große Möglichkeiten für die Entwicklung der eigenen Kreativität. Er bietet so viele Möglichkeiten, ein Unternehmen bekannt zu machen. Möglichkeiten, die es früher nicht gab. Früher musste ein Geschäft ein großes Budget für die Werbung zur Verfügung haben, für die Werbung in Zeitschriften, im Fernsehen oder im Radio. Jetzt zum ersten Mal in der Geschichte kann ein Kleinstunternehmen genauso effektiv im Internet werben wie das bekannteste und größte Unternehmen und braucht dafür täglich nur etwas Zeit für sein Internet-Marketing einzusetzen.

Sicherheit bei Twitter und Facebook

Wie beim Autofahren lauern auch in den sozialen Netzwerken Gefahren, die beispielsweise Unerwünschten ermöglichen, in Ihren PC einzudringen. Es ist ganz wichtig, starke Passwörter einzusetzen und diese öfters zu ändern. Wenn Sie per E-Mail dringende Anweisungen, angeblich von Facebook oder Twitter, erhalten, sofort irgendetwas zu unternehmen und sogar eine Aktion zu aktivieren, seien Sie wachsam und misstrauisch. Besser ist, sich über Google bei Ihren Konten einzuloggen. Wenn Sie dort keine solchen Informationen sehen, können Sie damit rechnen, dass da manipuliert wird. Geben Sie auch keine Informationen weiter, die Sie nicht mehr oder weniger jedem mitteilen würden. Wenn Sie etwas erleben, das Ihr Misstrauen erweckt, brauchen Sie nur das Problem bei Google einzutippen. Meistens können Sie hier lesen, ob jemand Unfug macht. Grundsätzlich, wie beim Autofahren, ist es wichtig, achtsam zu sein und gleich zu reagieren.

Zusammenfassung – Kapitel 12

- Ich habe keine Zeit zum Bloggen. Wichtig: Zeit-Management und auf Vorrat schreiben.

- Ich weiß nicht, was ich schrieben soll. Immer wieder neue Ideen suchen und sammeln. Bei etwas Übung wird das immer leichter.

- Keiner schreibt Kommentare zu Ihrem Blog. Geduld ist gefragt. Es dauert eine Weile, bis die ersten Kommentare kommen. Wichtig ist, Ihre Leser direkt zu bitten, ihre Meinung mitzuteilen.

- Leser hinterlassen bösartige Kommentare. Leider passiert dies immer wieder. Ehrliche Kritik annehmen und als Bereicherung ansehen. Dumme, bösartige Kommentare einfach ignorieren.

- Sie bekommen zu viel Spam in Ihren Kommentar-Bereich. Es gibt sehr gute Widgets (kleine Software), wie Akismet, die sehr gut sind, um Spam zu blocken.

- Hacker dringen in die Blog-Administration ein und zerstören Ihren Blog. Schützen Sie sich gut, in dem Sie starke Passwörter verwenden und die öfters wechseln.

Sicherheit bei Twitter und Facebook. Schützen Sie sich auch hier gut, indem Sie starke Passwörter verwenden. Seien Sie wachsam und misstrauisch, wenn ungewohnte Aufforderungen, die angeblich von diesen Netzwerken stammen, in einer E-Mail bei Ihnen ankommen.

Aktionsplan – Kapitel 12

Notieren Sie sich starke Benutzernamen und Passwörter. Benutzen Sie für jeden neuen Anbieter ein neues Passwort. Verwenden Sie große und kleine Buchstaben, sowie Zeichen und Zahlen. Legen Sie Ihre Liste sicher ab, möglichst nicht im Detail im Computer:

Benutzernamen: Passwort:

....

....

....

Prüfen Sie öfters Ihren Blog als Besucher. Termine für die Kontrolle:

....

....

....

Befreien Sie den Blog täglich/wöchentlich vom Spam. Setzen Sie einen bestimmten Tag für diese Aufgabe:

....

....

....

Sammeln Sie täglich Notizen für Ihren Blog. Mit etwas Übung fällt Ihnen das leicht. Planen Sie eine bestimmte Zeit für diese Aufgabe ein und schreiben Sie während ca. 15 Minuten Ihre Gedanken in einen Notizblock. Sie werden überrascht sein, wie Sie durch diese einfache, kurzzeitige Übung beim Schreiben kreativ werden.

....

....

....

Kapitel 13
Entschlossenheit und Selbstbewusstsein

Sich mit einem Geschäftsblog darzustellen, über Twitter und Facebook Menschen einzuladen, Ihre Blog-Abonnenten zu werden, die regelmäßig Ihren Blog lesen und sich an Ihren Teleseminaren beteiligen, sind hervorragende Aktivitäten, um Ihrem Unternehmen die gleiche Bekanntheit zu geben, wie sie ein große Marke hat, ohne hohe Kosten auf sich zu nehmen.

Doch erreichen nur wenige es, das volle Potenzial dieser Form des Marketing auszuschöpfen. Und dies nicht wegen des damit verbundenen Arbeitsaufwands. Anfangs erfordert die Arbeit mit dem Blog in der Tat einen hohen Einsatz, wobei ein Webmaster Ihnen viele der technischen Arbeiten abnehmen kann. Trotzdem müssen Sie sich um eine tägliche Routine bemühen, regelmäßig für den Blog schreiben und bei Facebook und Twitter täglich präsent sein. Sobald Sie diese Routine verinnerlicht haben, reichen zwei Stunden täglich für diese Aufgabe. Das ist auch das Minimum an Zeit, das jeder in sein Marketing stecken müsste.

Dieser Zeitaufwand ist selten der Grund für einen Misserfolg. Um Ihnen dies anschaulicher erklären zu können, greife ich auf meine eigenen Erfahrungen zurück. Ich war aufgefordert, mehr als je in meinem Leben zu mir zu stehen, zu dem was ich tue und zwar öffentlich. Das ging nicht ohne innere Widerstände. Jedes Mal jedoch, wenn ich mich überwunden hatte und wie geplant meine Konzepte und meine Ideen durchsetzte, fühlte ich mich leichter, freier und vor allem authentisch.

Das Technische war nicht das Problem. Schließlich hatte ich einen guten Webmaster, der diese Seite übernommen hatte. Freilich war es mir wichtig, gerade die einfache Technik selbst zu beherrschen. Eher benutzte ich das Technische als Vorwand, meiner Angst nicht begegnen zu müssen, die in Wirklichkeit nicht Angst vor dem Technischen war, sondern ganz wo anders herkam, und zwar die Angst, mich öffentlich darzustellen und mit meinen Informationen nach außen groß einzusteigen. Deshalb dauerte z. B. die Anmeldung für einen Teleseminar-Dienst nicht 30 Minuten, wie ansonsten üblich, sondern drei Monate. Das Lernen neuer technischer Eigenschaften war nicht das Problem sondern die Herausforderung, öffentlich zu reden. Es gab viele solche Hindernisse, die ich in meiner Anfängerzeit zu überwinden hatte. Glücklicherweise unterstützten mich während dieser Zeit gute Coaches und eine fördernde Gruppe von Frauen mit ähnlich orientierten Zielen und ähnlichen Hindernissen. In der Tat lag es nahe aufzugeben, da ich zunächst nicht so deutlich sehen konnte, was mit diesen neuen Errungenschaften erreicht werden kann.

Mit diesen Einstellungen und Begrenzungen stehe ich nicht allein. Gerade meine Erfahrungen helfen mir, vergleichbare Hemmnisse bei meinen Seminar-Teilnehmerinnen zu erkennen und sie zu ermutigen, über die Hürden zu springen. Vielleicht ist all das besonders ein Problem der Frauen. Ich erlebe, wie sich meine Teilnehmerinnen ständig im Kreise drehen und nicht vorwärts kommen. Manche sehen ganz klar, dass es ihnen an Mut fehlt und ihre Angst sie ausbremst. Die meisten sehen nicht so klar und schieben viele Grunde vor, warum es bei ihnen nicht vorwärts geht. Letztendlich, bei genauem Hinsehen und objektiver Analyse der Lage, wenn die richtigen Fragen gestellt sind, ist es immer wieder die Angst, der Mangel an Selbstbewusstsein, das Gefühl, nicht gut genug zu sein. Wenn ich diesen Prozess nicht selbst mit so viel Wachheit und Bewusstsein durchgemacht hätte, wäre mein Verständnis für meine Gesprächspartnerinnen nicht so groß. Ich hätte vielleicht meinen Kopf geschüttelt und gesagt: „Stellen Sie sich nicht so an, dass ist doch leicht zu bewältigen". Leider liegt die Angst so tief, dass sie nicht leicht zu beheben ist, sonst bräuchten wir nicht so viel psychologische Unterstützung.

Dies ist auch der Grund, warum ich über Selbstbewusstsein, Selbstachtung und Selbstwertgefühle am Schluss dieses Buches ein eigenes Kapitel vorgesehen habe.

Ein Blog gibt uns Möglichkeiten, die nie da gewesen waren. Zum ersten mal in der Geschichte kann ich für viele Leser über mein Fachgebiet schreiben, ohne den Weg über die großen Fachzeitschriften zu gehen. Zum ersten Mal kann ich international für mein Unternehmen fast kostenlos werben, so werben wie es große Unternehmen tun, und die mit großen Kosten. Ich kann über das Internet über Teleseminare Vorträge halten, über mein Fachgebiet sprechen. Ich muss nicht darauf warten, dass mich eines Tages ein bekannter Sender einlädt, fünf Minuten bei ihm über mein Thema zu sprechen. Wie beim Fernsehen kann ich meine eigene Sendung mit Videos präsentieren, Interviews durchführen und meine Informationen in dieser Form weitergeben. Mit einer klaren Strategie und einem klaren Ziel, Selbstvertrauen und Selbstbewusstsein kann ich mein Unternehmen durch Internet-Marketing sehr schnell bekannt machen. Für mich als Baby-Boomer hat sich eine Welt geöffnet, die ich mir vor ein paar Jahren, als alle diese Möglichkeiten nicht vorhanden waren, gar nicht vorstellen konnte. Ich freue mich über diese nie da gewesenen Möglichkeiten, freue mich, meine Ängste überwunden zu haben und den Mut gefunden zu haben, sie immer wieder zu überwinden. Ich freue mich auch, dass ich durch meine Geschäftsblogs bei mir neue Talente entdeckte und weiterentwickelte, ob es schriftstellerische sind oder die beim Filmen. Es ist so kreativ und macht so viel Freude, für das Unternehmen mit einem eigenen Geschäftsblog zu werben. Und ich kann damit anderen Menschen ebenfalls viel Freude machen.

Deshalb schreibe ich dieses Kapital für meine Kursteilnehmerinnen und meine Leserinnen, denn ich weiß, dass ihr Mangel an Selbstvertrauen sie hindern könnte, sich voll zu verwirklichen, ihr Können zum Ausdruck zu bringen und das volle Spektrum ihrer Talente einzusetzen. Wenn Sie einen Blog schreiben, um Ihr neugegründetes Unternehmen zu fördern, für ein Buch, das Sie veröffentlichen wollen, zu werben oder durch einen Blog Ihre Kunst einem größeren Kreis zu zeigen, werden Sie sich wahrscheinlich weit aus Ihrer Komfortzone hinaus bewegen müssen. Es sind diese Momente, in denen Sie erfahren, wie stark Ihr Selbstbewusstsein ist. Wenn es nicht stark genug ist, Sie bei all den neuen Situationen zu unterstützen, die Sie durch die Erweiterung Ihrer Kreise erleben werden, positive Erlebnisse wie auch frustrierende, wird Ihnen die Kraft fehlen, Ihr Vorhaben durchzuziehen. Sobald Ihr mangelndes Selbstbewusstsein mehr und mehr zum Vorschein kommt, kann sich ein sabotierendes Verhalten manifestieren, das sehr kontraproduktiv für Ihren Erfolg ist. Je weiter Sie sich außerhalb Ihrer Komfortzone bewegen, desto mehr Probleme stellen sich ein und scheinen Ihren Weg zu blockieren. Es wird immer unangenehmer. Sie fühlen sich allein, unsicher und manchmal sogar bedroht. Auch Situationen, die vielleicht gar nichts mit Ihrem Vorhaben zu tun haben, Ihre Kinder werden ständig krank, die alten Eltern brauchen Sie, andere wichtigere Sachen schieben sich vor, Ihr Ziel scheint unrealistisch zu sein, und Sie ziehen sich zurück. Es gefällt Ihnen rational gesehen zwar nicht, wieder da zu sein, aber es ist vertraut und bietet eine „scheinbare" Sicherheit.

Wenn Sie Ihre Schritte in Richtung Erfolg nehmen, müssen Sie mutig und selbstbewusst handeln. Mangelndes Vertrauen wird Sie hindern, bei Ihrer Kraft zu bleiben. Schließlich wird dies dazu führen, dass Sie Ihren Glauben an sich selbst verlieren. Sie werden anfangen, Situationen, die für den Verkauf Ihrer Dienstleistungen oder Ihrer Produkte wichtig sind, zu vermeiden. Sie bringen Ihre Sache nicht mit Kraft und Begeisterung hinüber. Dies kann dazu führen, dass Sie aufgeben, nicht weil Ihre Sache nicht gut ist, sondern weil Ihr Selbstwertgefühl zu schwach ist, und Sie deshalb nicht die Kraft haben, die Sache zu realisieren.

Wenn wir uns neuen Aufgaben widmen, wird immer etwas Stress entstehen. Das gehört einfach dazu. Es wird aber ganz wichtig, auf unsere Gesundheit aufzupassen, indem wir während solcher Zeiten ganz bewusst gesund essen, auf eine gute Versorgung mit Vitaminen und Mineralien achten. Aktive Gymnastik, aber auch stille Meditation, stärken unsere Selbstwertgefühle und zentrieren uns, sodass wir nicht leicht ins Schwanken kommen. Wichtig ist, sich gut anzuziehen. Das könnte oberflächlich scheinen, aber es ist nicht so. Sie fühlen sich einfach selbstbewusster, wenn Ihre Kleidung eine positive Ausstrahlung vermittelt. All dies hilft Ihnen, sich wohl zu fühlen, Ihre Energie zu steigern, was dann wiederum zu besserem Wohlgefühl und damit auch zu gestärktem Selbstbewusstsein führt.

Sobald unser Selbstbewusstsein durch einen Mangel an Selbstwertgefühl geschwächt wird, ist es nicht möglich, Beziehungen, die für das Geschäft wichtig sind, aufzubauen und aufrecht zu halten. Wir fühlen uns nicht würdig. Die Angst vor Zurückweisung kann uns dazu führen, uns entweder zurückzuziehen oder niedrigere Preise zu nennen, weil wir meinen, eine Zurückweisung dadurch zu vermeiden. Preise, die einfach zu niedrig sind und nicht mit der zeitlichen und inhaltlichen Leistung übereinstimmen, führen auch zu Misserfolg. Man hindert sich selbst, voran zu kommen, denn man kann die niedrigen Preise über längere Zeit nicht halten und wird gezwungen aufzugeben. In Wirklichkeit fühlt man sich nicht wertvoll genug, nicht würdig und verschleuderte seine wertvolle Arbeit. Wenn unser Selbstbewusstsein stark ist, haben wir keine Probleme, wenn wir zwischendurch Misserfolge haben. Diese werden korrigiert, neue Strategien werden entwickelt. Das gehört dazu, denn wir gehen neue Wege, die uns noch nicht vertraut sind. So erleben Sie Hindernisse immer als Herausforderung. Jede Herausforderung, der Sie gewachsen sind, stärkt Ihr Selbstwertgefühl. Sie trauen sich immer mehr zu.

Wenn wir uns in neue Situationen begeben, die größer als unsere vorherigen sind, kann die Erfahrung manchmal unbequem und sogar schmerzhaft sein, bis wir uns an den neuen Wirkungskreis gewöhnt haben. Wachstum gehört dazu, und oft ist es nur das Ungewohnte, das unseren starken Sicherheitsbedarf ins Wanken bringt, was wir als unangenehm empfinden. Wichtig ist, uns während solcher Zeiten nicht noch mehr zu schwächen, indem wir uns selbstzerstörerischen Gedanken hingeben. Wie wir über die Situation denken, wird zum großen Teil unser Verhalten beeinflussen. Deshalb ist es in solchen neuen Situationen wichtig, das Ziel immer klar vor Augen zu haben. Alle negativen uns betreffenden Gedanken und damit auch ein schleichend geringer werdendes Selbstwertgefühl können innerhalb eines kurzen Zeitraums geändert werden. Es ist so traurig zu sehen, wie jemand seinen schönen Traum und seine Wünsche ruiniert, nur weil er sich im Geist destruktive Gedanken zurechtlegt. Wenn Sie es sich erlauben, zu wachsen, und mehr und mehr es erlauben, das Leben zu führen, das Sie sich wünschen, ist das eines der liebevollsten Dinge, die Sie für sich und für alle anderen Menschen um Sie herum tun können.

Was uns sehr hilft, unsere eigenen inneren Schwächen zu überwinden, ist eine gut durchdachte Strategie, klare Ziele, Schritt-für-Schritt-Pläne, Controlling und, ganz wichtig, Verbindlichkeit. Über diese Themen habe ich in Kapitel 5 geschrieben. Es ist auch im Zusammenhang mit unserer geistigen Einstellung zu sehen, wie wichtig ein durchgeplantes Vorgehen ist, das Selbstbewusstsein und das Selbstwertgefühl zu stärken. Der feste Willen und die Verpflichtung sich selbst gegenüber, das gesetzte Ziel zu erreichen, kann wahre Wunder bewirken. In diesem Sinne wünsche ich Ihnen viel Kreativität und Freude mit Ihrem Geschäftsblog und mit den anderen neuen Möglichkeiten, die Sie für sich eröffnen, und viel Erfolg mit Ihrem geschäftlichen Vorhaben.

„Denke daran, dass das, was Dich wie an unsichtbaren Fäden hin und her zieht, in Deinem Inneren verborgen ist." Rabindranáth Thàkur

Zusammenfassung – Kapitel 13

- Ein Mangel an Entschlossenheit, Selbstwertgefühl und Selbstbewusstsein kann Ihren Erfolg verhindern.
- Wichtig ist, dem entgegen zu wirken, indem Sie sich klare Ziele setzen.
- Außerdem ist wichtig, sich klar für den Erfolg mit dem Geschäftsblog zu entscheiden und sich mit 100 % dafür einzusetzen, allen Hindernissen zum Trotz.
- Alle neuen Situationen bringen Unsicherheit mit sich.
- Wichtig ist, trotz eines unsicheren Gefühls vorwärts zu gehen.

„Der Wunsch, etwas zu machen, ist eine Vorahnung der Fähigkeit, die man hat." Autor unbekannt

Aktionsplan – Kapitel 13

Formen Sie eine kleine Erfolgsgruppe, in der sie sich gegenseitig unterstützen können. Erstellen Sie eine Liste von Personen, die dafür geeignet sind und dazu bereit wären:

....

....

....

....

....

....

....

Schreiben Sie einen Satz auf, in dem Sie sich verpflichten, Ihre Ziele für Ihren Geschäftsblog zu erreichen.

....

....

....

....

....

....

....

....

Schreiben Sie hierzu eine kraftvolle Affirmation, kopieren Sie die und legen Sie die Kopie überall hin, wo Sie sie sehen werden.

....

....

....

....

....

....

....

....

Literaturhinweise

BLOG – Wordpress (Kapitel 6)
Wenn Sie sich für einen Blog entschlossen haben und jetzt Anweisungen brauchen, Ihren Blog optimal mit der Vielfalt von Möglichkeiten zu benutzen, empfehle ich folgendes Buch:

„Wordpress – Das Praxisbuch"
hjr-Verlag, Mitp Anwendungen
Autoren: Vladimir Simovic und Thordis Bonfranchi-Simovic

Für mehr und detailliertere Informationen über Twitter, Facebook, Social Media (Kapitel 10 und 11) empfehle ich:

Twitter
„Der Twitter Faktor: Kommunikation auf den Punkt gebracht"
Verlag: Business Village, Autoren: Stefan Berns und Dirk Henningsen

Facebook
„Facebook Marketing leicht gemacht! Mit kleinen Mitteln viel erreichen: Wertvolle Praxistipps und kompakte Anleitungen".
Verlag: Books on Demand GmbH, Norderstedt , Autor: Roger Ambühl

Social Media
„Social Media für Unternehmer: Wie man Xing, Twitter, Youtube und Co. erfolgreich im Business einsetzt" (gebundene Ausgabe)
Linde-Verlag, Wirtschaftswoche Sachbuch
Autor: Claudia Hilker von Linde

Strategien (Kapitel 5)

„IT-Strategien"

Gabler-Verlag 2003, Autor: Lothar Ulschmid

Webseiten:

E-Recht

Wenn man sich ins Internet begibt, sollte man sich über die rechtliche Situation informieren. Die Gesetze ändern sich ständig. Ich empfehle eine sehr gute Webseite und schlage vor, sich für den Newsletter anzumelden: http://www.e-recht24.de

Englischsprachige Blogs

Gute Online-Blogs, die informativ und lehrreich sind: Wenn Sie bereits Erfahrung in den diversen Bereichen von Blogging und Social Media angeeignet haben und sich vertiefen möchten, empfehle ich folgende Englischsprachige Blogs:

http://www.socialmediaexaminer.com
von Michael A. Stelzner

http://www.marismith.com/mari-smith-blog/
von Mari Smith

http://denisewakeman.com
von Denise Wakeman für Business Blogging und Online Visibility

Die Autorin

Doreen Frances Richmond ist Farbberaterin für Architektur und Innenarchitektur I.A.C.C. Sie entdeckte vor einigen Jahren den Blog als hervorragendes Marketing-Instrument für ihr Unternehmen. Mit Begeisterung erzählte sie ihren Kunden von ihrer Entdeckung. Und bald war sie gefordert, nicht nur über das Thema Farbe zu beraten sondern auch darüber, wie man einen Blog optimal für das eigene Unternehmen einsetzen kann. Hieraus entstand die Idee für dieses Buch.

Wenn Sie mehr erfahren möchten, besuchen Sie den Blog von Doreen Frances Richmond **www.meinbusinessblog.com**

Titel-Photo © alexskopje/fotolia.com

www.ingramcontent.com/pod-product-compliance
Lightning Source LLC
Chambersburg PA
CBHW051535170526
45165CB00002B/737